hte

Zeitschrift für Ideengeschichte
Heft XVI/4 Winter 2022

Ironiefreie Zone

Herausgegeben von
Jens Hacke & Stephan Schlak

Deutsches Literaturarchiv Marbach
Klassik Stiftung Weimar
Herzog August Bibliothek Wolfenbüttel
Wissenschaftskolleg zu Berlin
Stiftung Preußischer Kulturbesitz Berlin
Kunsthistorisches Institut in Florenz – MPI

Redaktionsadresse:
Zeitschrift für Ideengeschichte
Wissenschaftskolleg zu Berlin
Wallotstraße 19
14193 Berlin

www.z-i-g.de
www.chbeck.de

Die Zeitschrift für Ideengeschichte erscheint viermal jährlich und ist auch im Abonnement erhältlich.

Bezugspreis:
Einzelheft: € 18,00 [D]; € 18,50 [A];
als E-Book: € 11,99
Jährlich: € 58,00
inkl. Vertriebsgebühren (Inland); zzgl. € 25,00 (Ausland)
Sonderpreis: € 46,00
inkl. Vertriebsgebühren (Inland); zzgl. € 25,00 (Ausland)
Der Sonderpreis gilt für Mitglieder der mit den Herausgeber-Institutionen und ihren Museen, Archiven, Bibliotheken und Instituten verbundenen Vereine gemäß der Liste auf www.z-i-g.de, für Mitglieder des Verbands der Historiker und Historikerinnen Deutschlands e.V. und des Verbands der Geschichtslehrer Deutschlands e.V. sowie für Abonnenten der Marbacher Magazine.

Abo-Service:
Telefon (089) 38189-750 • Fax (089) 38189-402
E-Mail: Kundenservice@beck.de

Gestaltung: vsp-komm.de

Layout und Herstellung: Simone Decker

Druck und Bindung: Pustet, Regensburg

ISSN 1863-8937 • Postvertriebsnummer 74142
ISBN gedruckte Ausgabe 978-3-406-78434-7
ISBN e-book Ausgabe 978-3-406-78438-5

Verlag C.H.Beck, Wilhelmstr. 9, 80801 München

myclimate
klimaneutral produziert
www.chbeck.de/nachhaltig

Bezugspreise 2023
Die Bezugspreise (einschließlich MwSt.) betragen ab 1. Januar 2023: Einzelheft: € 20,00 [D]; € 20,60 [A]; ▪ als E-Book: € 12,99 ▪ Jährlich: € 64,00 (inkl. Vertriebsgebühren (Inland); zzgl. € 30,00 (Ausland)) ▪ Sonderpreis: € 52,00 (inkl. Vertriebsgebühren (Inland); zzgl. € 30,00 (Ausland))

Im nächsten Heft: Das Kleingedruckte. Mit Beiträgen von Rainald Goetz, Philip Manow, Bénédicte Savoy, Danilo Scholz und vielen weiteren.

Zum Thema

«Zeitschriftenmachen ist Pokern mit dem Zeitgeist» – so steht es in der Präambel der ZIG. Manches Mal ließ dieser flüchtige Geist sich im fernen ideenhistorischen Spiegel einfangen. Bisweilen spielte er sogar der Redaktion in die Karten – aber es gibt den Moment, da wird eine Zeitschrift mit längeren Vorläufen in der Themenfindung kalt erwischt und steht mit leerem Blatt da. So in diesem Frühjahr: Das Sommerheft des «ligurischen Komplexes» war kurz vor dem Erscheinen, der Herbst der «Sitzung» schon auf der Tagesordnung, und das neue Thema «Ironie» in der Bearbeitung – da flaggte nach dem Angriff Russlands auf die Ukraine der europäische Zeitgeist – zwischen allgemeiner Hilflosigkeit und ersten solidarischen Gesten – den «Ernstfall» aus. Plötzlich wurde eine neue politische Farbe gespielt. «Zeitenwende» war nun Trumpf. Was noch kurz zuvor unbedingte Geltung beanspruchen durfte, zerfiel zu «Blütenstaub». Die Sicherheitsarchitektur nach 1989, das Vertrauen auf prosperierende Zusammenarbeit, die Integration durch normative Ordnungen entpuppten sich als jüngste «progressive Universalpoesie» des Westens. Die Feier des 250. Geburtstags der Frühromantiker Novalis und Schlegel – die Stunde der Ironie fällt in diesem Winter in die ironiefreie Zone.

«Ich brauche Munition, keine Mitfahrgelegenheit», überraschte Selenskyi die schon resignierende NATO, die sich wider Erwarten ganz neuen Aufgaben gegenübersah. Dem Westen ist das Lachen vergangen, seitdem der Krieg – der im Osten Europas in den letzten Jahrzehnten nie verschwunden war – in die Realität der Medien zurückgekehrt ist. *Irony* ist wieder einmal *over*. Diese Stil- und eminente politische Haltungsfigur, um Freiheiten zwischen ideologischen Fronten zu sichern, ist unversehens selbst in die Schusslinie geraten. Das Gebot der Ironie scheint unserer Zeit, in der alte Hitler-Titel von Sebastian Haffner über Putin neue charakterologische Evidenz bekommen, nur noch wenig sagen zu können. «Realismus» ist das Gebot der Stunde; der Urschrei des politischen Leitartiklers – Erkenne die Lage! – wurde zum Choral. Strategische Frontanalysen und Identifikationsbereitschaft anstatt Relativismus und ironischer Distanznahme. Mit keiner anderen Gefahr haben sich die liberalen Demokratien in den letzten Jahren so herumschlagen müssen wie mit Populisten (Beppe Grillo, Trump etc.), die aus den Zonen von Unterhaltung und Spiel die professionelle Bühne des Politischen kaperten. Und nun ist die zentrale Projektionsfigur des Westens ein mutiger Staatsmann, der von seiner Herkunft als Comedian *(Diener des Volkes)* und seinem charismatischen politischen Aufstieg fast alle Kriterien des alten Dämons aus der politologischen Checklist erfüllt.

Es mag freie Gesellschaften vor Gesinnungsrigorismus bewahren, gewisse Verhaltenslehren aus dem Arsenal der Ironie heute als Mittel liberaler Wehrhaftigkeit neu zu prüfen. Wie orientieren wir uns zwischen alten und neuen politischen Haltungsgeboten¿ Wie gewinnen wir durch Nicht-Fixierbarkeit und ideologische Flexibilität neue politische Spielräume¿ Die Sprachen der Ironie und die Sprachen des Ernstes lassen sich nicht fein säuberlich sortieren. Auch das kann man im Zickzack der Kunst und Ideengeschichte von Sokrates über Charlie Chaplin bis Richard Rorty lernen. Die schnelle Emanzipation von gerade noch Geglaubtem, der «Abschied vom Prinzipiellen» (Odo Marquard) – das befreiend-unsystematische Ironie-Programm scheint eine Forderung des Tages zu sein. Habeck umarmt die letzten AKW-Meiler, Habermas rechnet mit der Atombombe, und Dirty Harry rezitiert sich als Klassiker …

Die Winterausgabe der ZIG sondiert von der Schlangeninsel über die neueste Kreml-Astrologie bis zu einer Mördergeschichte aus dem Nachlass von Friedrich Kittler die ironiefreie Zone.

Jens Hacke
Stephan Schlak

Constantin Ardeleanu

Die Schlangeninsel

Metamorphosen eines politischen Ortes

Zwei Königinnen

Der Dichter Ovid, einsam und traurig in seinem Exil in Tomis (dem heutigen Constanța), soll eine kleine Schlange namens Colubra ins Herz geschlossen haben, die ihm in jenem schweren Lebensabschnitt am Rande der römischen Welt eine untrennbare Begleiterin wurde. Colubra lockte Ovid, die etwa 180 km entfernte Schlangeninsel zu besuchen, wo er «Metamorphosen», die ihn ein Leben lang beschäftigt hatten, zu Gesicht bekommen würde. Tatsächlich wurde der Dichter auf der kleinen Insel im Schwarzen Meer, am Übergang zwischen Erde und Hölle, Zeuge der Verwandlung eines kargen Felsens in einen luxuriösen römischen Garten – ein Jahrtausendereignis, in dem sich Raum und Zeit, Menschen und Krabbeltiere in einem metamorphotischen Kreislauf aus Wandel, Regeneration und Verfall miteinander verflochten.

So erzählt Elisabeth zu Wied, besser bekannt unter ihrem literarischen Pseudonym Carmen Sylva, von den legendären antiken Anfängen der Schlangeninsel. Prinzessin und Königin von Rumänien durch ihre Heirat mit Karl I. von Hohenzollern-Sigmaringen, nahm Carmen Sylva in ihrer Erzählung symbolische Elemente auf, die mit der Schlangeninsel und der westlich von ihr gelegenen Küstenregion Dobrudscha schon lange Zeit verbunden waren – beides Gebiete mit einem reichen griechisch-römischen Erbe, gleichzeitig aber auch Orte, die für die künftige Entwicklung des modernen Rumänien als unerlässlich galten.[1]

1 Legends from River & Mountain, by Carmen Sylva (H. M. the Queen of Roumania) and Alma Strettell. With Illustrations by T. H. Robinson, London 1896.

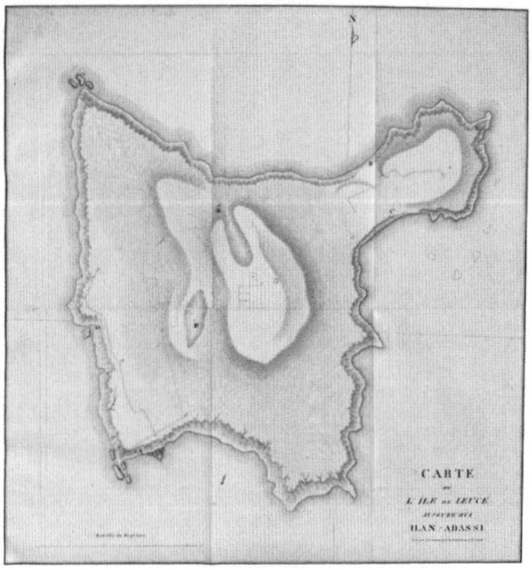

Abb. 1
Die antike Insel Leuke im «Pontus Euxinus». Achilles' mythisches Eiland als umkämpfter geopolitischer Ort der Moderne. Karte im Bericht des russischen Offiziers Mikola Kritzky.

Auch ihre Nachfolgerin Königin Maria von Rumänien widmete der einsamen Klippe im Schwarzen Meer, die sie ein paar Mal besuchte, einen Text. In Marias Erzählung gerät die junge Zuleika, Nichte des türkischen Leuchtturmwärters der Schlangeninsel, in die Falle Zampuras, einer Hexe, die sich vom Licht des Leuchtturms gestört fühlte. Das neue Zeitalter maritimer Sicherheit schwächte nämlich die Kräfte, mit denen sie die Schlangen auf der Insel unterworfen hatte. So schmiedete die Hexe Pläne für ein dunkles Zeitalter, in dem sie vom Fluch des Lichts befreit sein würde.[2]

Diese zwei Erzählungen, sowie ähnliche literarisch-künstlerische Schöpfungen, machten die Schlangeninsel, die von 1878 bis 1948 zu Rumänien gehörte, zu einem besonderen Ort in der rumänischen Literatur. Reich der Wunder und Mysterien, in dem sich Raum und Zeit wie in einem schwarzen Loch verschlingen, war der unbewegliche Felsen in der Tat ein Ort der Metamorphosen, der Verwandlungen, der Dynamik, der Mobilität, der Streitigkeiten und der Gewalt. Als Punkt, der auf der Landkarte des Schwarzen Meeres, einem an Inseln armen Meer, leicht zu erkennen war, erlangte der von Reptilien bewohnte Fels eine eminente politische Bedeutung, obwohl ihn relativ wenige Reisende betraten.

Zuletzt rückte die Schlangeninsel als symbolträchtiger Ort des ukrainischen Widerstands gegen die russische Invasion in das Blickfeld der Weltöffentlichkeit. Der Felsen wurde noch am Abend des 24. Februar 2022 von der russischen Marine besetzt. Journalisten und Analysten aus Ost und West haben über die strategische geopolitische Bedeutung der Insel und über ihren symbolischen Wert geschrieben; viele waren der Ansicht, dass die Insel eine «übertriebene Rolle» im aktuellen Konflikt spiele.[3]

2 Maria Regina României: Insula Şerpilor, Bucureşti 1991.

3 Tim Lister: Snake Island: The tiny speck of land playing an outsized role in Russia's war on Ukraine, 13 May 2022 (https://edition.cnn.com/2022/05/13/europe/snake-island-ukraine-stratgic-war-cmd-intl/index.html).

Dagegen spricht, dass die Schlangeninsel während des größten Teils ihrer modernen Geschichte, also seit ihrer «Wiederentdeckung» im frühen 19. Jahrhundert, immer wieder Gegenstand oft gewaltsamer Auseinandersetzungen zwischen den Großmächten und den Staaten in der Region war. Mit einer Oberfläche von nur 17 Hektar – der Görlitzer Park («Görli») in Berlin-Kreuzberg hat 14 Hektar – befand sich der Felsen in den letzten zwei Jahrhunderten unter der Herrschaft des kaiserlichen Russland, des Osmanischen Reichs, Rumäniens, der Sowjetunion, der Ukraine und von Februar bis Juli 2022 unter russischer Militärkontrolle. Seitdem versucht die ukrainische Armee mit einigen spektakulären Operationen, den Felsen zurückzuerobern oder zumindest seine maritime Funktion in Russlands Offensivsystem in der nordwestlichen Schwarzmeerregion zu beeinträchtigen. Wie lässt sich die große Aufmerksamkeit für das winzige Eiland erklären?

Ein antiker Tempel und ein europäischer Leuchtturm

Die moderne Geschichte der Schlangeninsel begann 1825, als der deutsche Archäologe und Philologe Heinrich Köhler einen Text zum Gedenken an das Wirken des griechischen Helden Achilles im Schwarzmeerraum veröffentlichte. Köhler hatte sich im kaiserlichen Russland niedergelassen; auf mehreren Studienreisen in die ukrainischen Provinzen studierte er die griechisch-römische Überlieferung zum «Pontus Euxinus» wie das Schwarze Meer in der Antike hieß. Anhand eines von den russischen Marinebehörden erhaltenen Berichts wies Köhler mit archäologischer Evidenz nach, dass die Schlangeninsel die antike Insel Leuke (oder «Weiße Insel») war, wo Achilles sein ewiges Leben gelebt und wo ein berühmter, dem griechischen Superhelden geweihter Tempel gestanden haben soll. Die Quelle, welche die letzten Zweifel beseitigte, war der Bericht eines Offiziers der russischen Schwarzmeerflotte, Mikola Kritzky, der die Insel erkundet und einen Bericht verfasst hatte, dem er eine Karte und einen Plan ihrer antiken Stätten hinzufügte *(Abb. 1)*. Tatsächlich waren auf der Insel die Ruinen eines relativ gut erhaltenen antiken Tempels zu sehen, der sofort mit der «Anwesenheit» von Achilles in Verbindung gebracht wurde.[4]

4 H. K. E. Koehler: Mémoire sur les îles et la course consacrées à Achille dans le Pont-Euxin, in: Mémoires de l'Académie impériale des Sciences de St. Pétersbourg, 10 (1825), S. 550–716.

Leuchtthurm auf der Schlangeninsel.

Abb. 2
Ein moderner Tempel des Lichts im Welthandel. Der Leuchtturm auf der Schlangeninsel im Schwarzen Meer.

Sowohl Kritzkys Expedition als auch Köhlers Anliegen müssen im Kontext des zunehmenden Interesses des zaristischen Russland an der Integration des pontischen Raums in die administrativen und kulturell-geistigen Strukturen des Reiches gesehen werden. Diese kartografische – aber auch symbolische – Übernahme der Region wird auch im Fall der Schlangeninsel deutlich, die zu einem bedeutsamen Orientierungspunkt auf der Route jener Handelsschiffe wurde, welche in zunehmender Zahl in Richtung der ukrainischen Häfen, allen voran Odesa,[5] aber auch zu den Donauhäfen Galaţi und Brăila unterwegs waren.

Bald spielte die Insel eine noch wichtigere Rolle für die Navigation. In den 1830er Jahren, als ukrainische Häfen das Schwarze Meer zum größten Umschlagpunkt für Getreide in der Welt machten, wurde von den Russen ein Leuchtturm gebaut. Für dessen Bau verwendete der beauftragte Unternehmer die Steine des antiken Tempels. In einer symbolträchtigen Verwandlung war das antike Bauwerk zu einem modernen Tempel des Lichts geworden, der den Seeleuten den Weg zum Hafen wies *(Abb. 2)*. Achilles hatte sozusagen Zampura besiegt und sorgte dafür, dass Europa und die Welt das Getreide aus den fruchtbaren Böden der Ukraine und der Donaufürstentümer erhielten.

1856, am Ende des Krimkriegs, war die Schlangeninsel Anlass zu einem großen diplomatischen Konflikt zwischen den europäischen Mächten. Da der Pariser Friedensvertrag die Insel nicht erwähnte, beanspruchten die Russen, sie in ihrem Besitz zu behalten.[6] Doch mit Unterstützung der Westmächte, vor allem Großbritanniens, wurde die Schlangeninsel schließlich dem Osmanischen Reich zugeschlagen. So wurde der Leuchtturm von den Osmanen übernommen, wobei die Verwaltung einer französischen Firma übertragen wurde. Die Europäische Donaukommission (EDK) – eine internationale Organisation, gebildet aus Delegierten der sieben Unterzeichnermächte des Vertrags

5 Der Name der Stadt ist hier aus dem Ukrainischen, nicht aus dem Russischen («Odessa») transkribiert.

6 W. E. Mosse: Britain, Russia and the Questions of Serpents Island and Bolgrad: Two Incidents in the Execution of the Treaty of Paris, 1856, in: The Slavonic and East European Review 29.72 (1950), S. 86–131.

von 1856 – sprach dem Unternehmen die Leuchtturmgebühren zu, die von den Schiffen an der Donaumündung gezahlt werden mussten. Nach und nach beteiligte sich die EDK immer direkter an der Instandhaltung des Leuchtturms. Sie war der Ansicht, dass «Europa» sowohl eine finanzielle als auch eine technische Verantwortung für eine Infrastruktur trug, die für eine gefahrlose Lebensmittelversorgung des Kontinents unerlässlich war. Eben dieses europäische Interesse führte dazu, dass Russland nach seinem Sieg über das Osmanische Reich im Jahr 1878 nicht die Übernahme des Donaudeltas und der Schlangeninsel forderte, sondern anerkannte, dass diese Territorien unter dem Schutz Europas und der internationalen Gerichtsbarkeit der EDK standen. Durch den wenig später geschlossenen Vertrag von Berlin erhielt die EDK die direkte Kontrolle über die Verwaltung des Leuchtturms. Die Insel wurde rumänisches Gebiet, der Leuchtturm aber eine europäische Institution.[7]

7 Constantin Ardeleanu: The European Commission of the Danube, 1856–1948: An Experiment in International Administration, Leiden, Boston 2020.

Von einem «Rumänischen Guyana» zum «Auge Saurons»

In den folgenden sieben Jahrzehnten hatten Rumänien und die Rumänen eine komplizierte Beziehung zu der Insel, die sie durch die Gutmütigkeit Europas geschenkt bekommen hatten. Etwa 45 km östlich von Sulina, dem östlichsten Punkt Rumäniens, gelegen, war der Felsen schwer zugänglich. Schiffe der rumänischen Seestreitkräfte und der EDK versorgten die wenigen Leuchtturmwärter und die Soldaten der Grenzpolizei jeden Monat mit Vorräten und brachten manchmal in den Sommermonaten kleine Touristengruppen auf die Insel, die in Achilles' Fußstapfen treten wollten. Für Intellektuelle wie Alexandru Vlahuță, Autor eines Werkes, das die Schönheit Rumäniens besingt, war eine Reise auf die Insel eine wahrhaftige Offenbarung. Er war überwältigt von der Unermesslichkeit der Raum-Zeit-Beziehung an einem der bemerkenswertesten Orte seines Heimatlandes. Andere Autoren hingegen betonten die Gleichgültigkeit der Behörden gegenüber «Rumäniens einziger Kolonie», einem Gebiet an der Peripherie der Peripherien, einem Ort der Abgeschiedenheit und Entfremdung.

Diese Wahrnehmung hing auch mit der Tatsache zusammen, dass die Insel als Strafkolonie genutzt wurde. Widerspenstige

Matrosen wurden zur Umerziehung auf die Insel geschickt, wo sie als Wachposten dienen mussten. Im Jahr 1938, im Kontext von Auseinandersetzungen zwischen der Führung und rechtsextremen Gruppen, den «Legionären», erwog die Regierung, die Schlangeninsel in ein «Rumänisches Guyana» zu verwandeln, also in einen Ort, an dem bis zu 1500 politische Gefangene geächtet werden sollten.

Die Insel war auch in die Seestreitigkeiten der beiden Weltkriege verwickelt. Im Jahr 1917 wurden der Leuchtturm und die gesamte Verteidigungsinfrastruktur durch das deutsche Schiff «Breslau» zerstört. In den Jahren 1941–1944 wurde das Eiland, das eine wichtige Rolle im Kommunikationssystem der Schwarzmeerregion spielte, schwer bombardiert, bevor es 1944 von der UdSSR besetzt und 1948 annektiert wurde. Da der Gebietsaustausch im Pariser Friedensvertrag (1947) nicht erwähnt wurde, erfolgte der Transfer durch die Unterzeichnung eines Protokolls, das später Teil der bilateralen rumänisch-sowjetischen Verträge wurde.

Im Laufe der nächsten vier Jahrzehnte gelangte die Schlangeninsel unter militärische Verwaltung, ihre Rolle im sowjetischen Militärkomplex bleibt jedoch unklar. Auf der Insel sollen sich hochleistungsfähige Funk- und Radarstationen, Abhör- und Störsender sowie militärische Einrichtungen zur Steuerung ballistischer Raketen befunden haben, die alle auf die südliche Flanke der NATO ausgerichtet waren. Die Insel vollzog also eine weitere Metamorphose, die sie in das «Auge Saurons» verwandelte – J. R. R. Tolkien ist im aktuellen Krieg eine vielzitierte Referenz –, das Freunde und Feinde der UdSSR gleichermaßen in Angst und Schrecken versetzte.

Barometer der rumänisch-ukrainischen Beziehungen

Nach dem Zerfall der UdSSR im Jahr 1991 wurde die Schlangeninsel, nun Teil der unabhängigen Ukraine, zu einem Barometer für die komplizierten rumänisch-ukrainischen Beziehungen. Die beiden Parteien stritten sich aus zwei völlig unterschiedlichen Gründen: einerseits wegen ihrer sich gegenseitig ausschließenden Ansichten über die gemeinsame Vergangenheit und andererseits wegen der im Untergrund des Schwarzen Meeres entdeckten Kohlenwasserstoffressourcen.

8 Dominuț Pădurea: Insula Șerpilor, Constanța 2004.

Bereits im Herbst 1991 verabschiedete das Bukarester Parlament einstimmig eine Stellungnahme und forderte die rumänische Regierung auf, dringend Verhandlungen mit Kiew über die Frage der von der UdSSR gewaltsam annektierten «rumänischen Gebiete» aufzunehmen. Es folgten Diskussionen über den Ribbentrop-Molotow-Pakt, und 1995 äußerten führende Politiker in Bukarest Zweifel daran, dass die «Schlangeninsel Teil des ukrainischen Territoriums» sei. Während in der Ukraine die Standpunkte der rumänischen Politiker als klarer Beweis für den rumänischen Revisionismus angesehen wurden, betrachteten nationalistisch gesinnte Politiker und Intellektuelle aus Rumänien den symbolischen «Verzicht» auf die Insel als einen Verrat an der Heimat. Wie der Historiker Dominuț Pădurea in seinem Buch über diesen besonderen symbolischen Ort schrieb, war die Schlangeninsel eine «offene Wunde Rumäniens», das älteste dokumentierte rumänische Land, das «sowohl de jure als auch de facto den Einheimischen gehörte».[8] Am Ende schlossen Rumänien und die Ukraine im Rahmen der Beitrittsverhandlungen Rumäniens mit der NATO und der EU (1997 und 2003) Verträge über gute Nachbarschaft und die Anerkennung der Grenzen.

Das Abkommen von 2003 öffnete auch den Weg für Verhandlungen über die Abgrenzung des Festlandsockels und der ausschließlichen Wirtschaftszonen von Rumänien und der Ukraine im Schwarzen Meer. Die Frage der Grenzziehung war alt, und seit den 1960er Jahren, nach der Entdeckung von Kohlenwasserstoffressourcen in der Region, hatten Rumänien und die UdSSR Dutzende von Treffen auf politisch-diplomatischer Ebene organisiert, die alle erfolglos blieben. In dieser Zeitspanne wurde auch das internationale Recht kodifiziert, so dass Rumänien 2004 dem Internationalen Gerichtshof in Den Haag einen Antrag zur Klärung der Abgrenzung des umstrittenen Gebiets schickte, darin ging es immerhin um eine Fläche von etwa 12 000 qkm.

Die Schlangeninsel hatte bei den Verhandlungen eine zentrale Rolle gespielt. Die rumänische Seite vertrat die Ansicht, dass sie aufgrund ihrer geringen Größe und ihrer isolierten Lage bei der Festlegung der Demarkationslinie nicht berücksichtigt werden sollte. Laut der internationalen Bestimmungen war die Insel lediglich ein «Fels». Sie war weder groß genug für menschliche

Besiedlung, noch konnte sie ein eigenes Wirtschaftsleben entwickeln und daher auch keinen Anspruch auf einen eigenen Festlandsockel oder auf eine eigene exklusive Wirtschaftszone haben. Die Rumänen verurteilten die Anstrengungen der ukrainischen Seite, die Gegebenheiten der Insel entsprechend ihren Interessen darzustellen – beispielsweise die Behauptung, dass es auf der Insel eine Stadt namens Byle gebe.[9]

Die in Den Haag vorgetragenen Stellungnahmen der rumänischen und ukrainischen Delegierten übernahmen Elemente der in beiden Staaten vorherrschenden historischen Ansichten. Die Entscheidung des Gerichts vom Februar 2009 wurde von den beiden Ländern gutgeheißen: Rumänien erhielt fast 80 Prozent des umstrittenen Gebietes, also etwa 9700 qkm Festlandsockel, während sich die Ukraine mit 20 Prozent des Territoriums zufrieden geben musste, aber dafür den größten Anteil an den Kohlenwasserstoffressourcen zugesprochen bekam. Schwer zu sagen, wer hier das bessere Geschäft gemacht hat – zumal die Entscheidung nach der Annexion der Krim durch Russland im Jahr 2014 erneut in Frage gestellt wurde.[10]

Die Schlangeninsel ist zu einem der Hauptziele von Putins Russland im gegenwärtigen Konflikt geworden, aus drei wichtigen Gründen, die schon in diesem Essay berührt worden sind: Erstens ist sie ein entscheidender Punkt auf den Schifffahrtsrouten im Schwarzen Meer, die die Häfen der südlichen Ukraine mit der Welt verbinden. Die Kontrolle über die Insel wurde von Russland angestrebt, um die Ukraine, die von Getreideexporten über Odesa und andere pontische Häfen abhängig ist, wirtschaftlich auszuhungern. Russische Analysten sprechen auch davon, die Fähigkeit der Ukraine einzuschränken, Waffenlieferungen von der Südflanke der NATO zu erhalten. Zweitens ist die Schlangeninsel ein wichtiger Vorposten für die Kontrolle der nordwestlichen Schwarzmeerküste. Vor allem angesichts der gescheiterten russischen Versuche, den Buh in der Gegend von Mykolaiv zu überqueren, ist die Insel Teil eines Feuerdreiecks – Krim, Schlangeninsel, Transnistrien –, das darauf abzielt, Odesa unter Druck zu setzen und vielleicht sogar eine Landung in der Gegend zu flankieren. Dies erklärt umgekehrt die Versuche der Ukraine, russische Stellungen auf der Insel in hochriskanten Militäroperationen zu

9 Maritime Delimitation in the Black Sea (Romania v. Ukraine). Overview of the Case (https://www.icj-cij.org/en/case/132).

10 Olena Palko/Constantin Ardeleanu (Hgg.): Making Ukraine: Negotiating, Contesting, and Drawing the Borders in the Twentieth Century, Montreal, Kingston 2022.

Abb. 3
Putins Achillesferse: Der ukrainische Soldat als Hüter des europäischen Leuchtturms, Briefmarke, 2022.

zerstören, wie sie im Mai und Juni 2022 unternommen wurden. Die Insel ist auch in Bezug auf die Donaumündung von großem strategischem Wert, da sie weniger als 50 km vom EU- und NATO-Gebiet entfernt ist. Drittens ist die Schlangeninsel wichtig wegen der Kohlenwasserstoffressourcen des Festlandsockels im Schwarzen Meer. Russland ist daran interessiert, Bodenschätze zu kontrollieren, die eine Verringerung der Energieabhängigkeit der Ukraine – oder Rumäniens und seiner Verbündeten – von russischem Gas ermöglichen würde.

Die Regierung in Kiew hat den Wert der Insel lange vor dem aktuellen Krieg erkannt, vor allem nach der Annexion der Krim, und hat kontinuierlich in die Stärkung ihrer Verteidigungsfähigkeit investiert. Die Kontrolle über die Insel ist von entscheidender Bedeutung, aber die Versorgung der dort stationierten Soldaten mit Munition und Lebensmitteln ist eine komplizierte und riskante logistische Operation, wie der Untergang des Flaggschiffs «Moskva» im April 2022 zeigte. Der ukrainische Widerstand gegen die Einnahme der Insel löste, angefangen mit der Antwort des Grenzpolizisten Roman Hrybov, große Bewunderung aus und war, wie manche sagen, des Geistes eines Achilles würdig. «Russkiy voyennyy korabi, idi na khuy!» ist zu einem Slogan des ukrainischen Widerstands geworden, der auf Briefmarken, T-Shirts, Tassen und in der Musik aufgenommen wurde *(Abb. 3)*.

Doch auch die in langen Jahrhunderten gewachsene symbolische Leuchtkraft der Schlangeninsel trägt zu ihrer neuerlichen Prominenz bei. Durch die Übernahme der Kontrolle über die Insel hat Putins Russland gleichsam die Lichter des Leuchtturms gelöscht und ist in die Zeit der Hexe Zampura zurückgekehrt. Lange Zeit war es die Verantwortung «Europas», das Licht in dem für die Ernährungssicherheit der Welt so wichtigen Leuchtturm am Brennen zu halten. Daran gilt es heute zu erinnern und gleichzeitig die Hoffnung nicht zu verlieren, dass – nachdem die Ukraine EU-Beitrittskandidat geworden ist – die Schlangeninsel einst wieder Teil Europas sein wird.

Aus dem Rumänischen von Ana Buculei

Bildnachweis: Abb. 1: © Bayerische Staatsbibliothek München, 4 Acad. 140-10, Tafel XXIV. – Abb. 2–3: Wikimedia Commons.

© Dmytro Kozatsky

«Light will win»

Mariupol, Mai 2022

Nach ersten Aufnahmen von Zivilisten im April lange nichts. Nur unheimliche Bilder im Kopf. Wie mag es wohl aussehen in den unterirdischen Gängen des Kombinats Azowstal ohne Licht und Versorgung, wo mehrere tausend ukrainische Kämpfende und Schutzsuchende unter Dauerbeschuss ausharrten? Mitte Mai sprach das eingesperrte Asow-Regiment von «Hölle», aber auch von der Hoffnung, dass es doch irgendwie noch eine Rettung, ein internationales Eingreifen, geben könne.

Zu diesem Zeitpunkt erschienen plötzlich auch wieder Bilder: erschütternde Zeugnisse des Leids, aufgenommen von dem Fotografen und Soldaten Dmytro Kozatsky, in den sozialen Medien unter dem Namen «Orest» bekannt. Darunter auch das Foto *Light will win*, das auf allen Kanälen viral ging, sobald Kozatsky es am 16. Mai gepostet hatte. Wie in Tizians Gemälde im Prado, das Christus in Todesangst am Ölberg zeigt, öffnet ein Soldat aus den Tiefen des dunklen Raums die Arme weit, um von oben durch eine kleine Öffnung magisch blaue Sonnenstrahlen zu empfangen. Doch die Wunder blieben aus. Am 20. Mai erfolgte der Befehl zur Kapitulation. Noch kurz vor der Festnahme stellte der Fotograf seine Bilder im Internet frei zur Verfügung. Für die Zeit nach der Gefangenschaft, schrieb er, sollten die Fotos schon jetzt in Wettbewerben eingereicht werden. Ein Lichtstrahl der Hoffnung.

Auch ein Film war unter dem Material. Veröffentlicht hat ihn, ebenfalls am 20. Mai, das Kollektiv «Babylon '13». In langen, langsamen Kamerafahrten sieht man die Ruinen der zerbombten Fabrik, in die unaufhörlich Regen tropft, dazwischen einen einsamen, nachdenklichen Soldaten. Die Mischung aus Pathos und Desillusion ist, wie in *Light will win*, angesiedelt irgendwo zwischen einem Hollywood-Heldenepos und Tarkowskis postapokalyptischer Elegie *Stalker*. Im mythischen Realismus dieser Aufnahmen erscheint die ganze Spannweite der Bilder des derzeitigen Krieges.

Und nun? Nun wieder nichts. Nur quälende Bilder im Kopf von Gefangenschaft, Folter und Hass.[1]

Charlotte Klonk

1 Am 21. September 2022 erreichte die Welt die Nachricht, dass in einem großen Gefangenenaustausch zwischen Russland und der Ukraine hochrangige Kommandeure des Azov-Regiments waren, darunter auch Dmytro «Orest» Kozatsky.

Fabian Thunemann

Kreml-Astrologie

Eine kleine Phänomenologie

Die Geschichte ist ein Stück Fiktionalität. Zu diesem überspitzten Bekenntnis ließ sich Reinhart Koselleck in einem Gespräch hinreißen, als man ihn mit Fragen nach der historischen Wirklichkeit und ihrer Interpretation herausforderte. Dabei bestritt der Historiker keinesfalls die geschichtliche Wahrheit, suchte allerdings den Umstand herauszustreichen, dass Wahrheit nur als perspektivisch gebrochen zu haben sei, sie also «notwendig immer einen subjektiven Anteil» aufweise.[1] Ausführlicher gibt Koselleck an anderer Stelle zu bedenken: «Die Vorstellungen der Handelnden von dem, was sie zu tun, und von dem, was sie zu lassen haben, sind die Elemente, aus denen sich, perspektivisch gebrochen, die Geschichten zusammenfügen. [...] So vollzieht sich ‹Geschichte›, indem Geschehnisse sich aufstufen zu dem, was später eine Geschichte genannt werden mag. Man kann sogar so weit gehen und sagen, daß die Wirklichkeiten, wie sie wahrgenommen werden, im Hinblick auf das, was tatsächlich der Fall sein wird, immer schon verfehlte oder gar falsche Wirklichkeiten sind.»[2] Schließlich bleibe die Geschichte unvernünftig, was «begriffen wird, beruht nur auf der Analyse *ex post*».[3]

Die Ausführungen Kosellecks verweisen nun nicht allein auf die bekannte Vermittlungsspannung zwischen der Vergangenheit selbst *(res gestae)* und unserem Zugriff auf sie *(memoria rerum gestarum)*, sondern sie heben zugleich auch den Konstruktionsgrad der Geschichte hervor angesichts unterschiedlicher Wahrnehmungen der Beobachter und nicht zuletzt auch ihrer Akteure, die wiederum prägend zurückwirken. Die Geschichte, so lässt sich die Pointe überspitzt zusammenfassen, wird also von tatsächlichen und möglichen Handlungen gleichermaßen bestimmt.[4] Sie ist eine vielfach verstellte Realität, die erst im Nachhinein einen nachvollziehbaren Verlauf, also Wahrheit zugesprochen bekommt, sich aber keinesfalls tatsächlich so ereignet haben muss. Nicht nur die Geschichte selbst ist folglich von Fiktionalität durchsetzt, sondern auch all ihre Interpreten verlieren sich im Dickicht der Meinungen – der historischen Sterndeutung. Als besonderer Ort, an dem sich diese Deutungskunst immer wieder gerieben hat, gilt das Zentrum der russländischen Herrschaft. Der Mangel an Informationen, die gezielte Desinformation bei gleichzeitig unbedingtem Willen zum Wissen ließen zu

1 NZZ Folio, https://folio.nzz.ch/1995/marz/ist-geschichte-eine-fiktion.

2 Reinhart Koselleck: Vom Sinn und Unsinn der Geschichte, in: ders.: Vom Sinn und Unsinn der Geschichte. Aufsätze und Vorträge aus vier Jahrzehnten. Hrsg. von Carsten Dutt, Berlin 2010, S. 16f.

3 Ebd., S. 16.

4 Ebd., S. 18, S. 20–22.

unterschiedlichen Zeiten die Kreml-Astrologie florieren, wobei keinesfalls vergessen werden sollte, dass all dies gleichermaßen in das Getriebe eben dieser Geschichte gezogen wird.

Jede Astrologie kennt ihre Klassiker. Im Falle der russländischen Macht lässt sich gewissermaßen eine historisch gewachsene Typologie erkennen: Es ist die Gewalt von unten, die den Führer bedroht, das Attentat in den Korridoren der Macht oder die Palastrevolution, die den Führer erwischen und schließlich die Krankheit, die den Führer hinwegraffen kann. In Variationen werden auch gegenwärtig all diese politischen Horoskope ausgestellt, wobei natürlich – sofern es die Dramaturgie erfordert – Überschneidungen zum guten Stil gehören.

Es waren Reformen Alexanders II., die das Reich in eine tiefe Krise stürzten. Neben der allgemeinen Verunsicherung bot diese Krise allerdings auch einigen Orientierung. Die russische Geschichte kennt viele solcher Figuren. Sie sind von geradezu traumhafter Gestalt und haben sich nicht zuletzt deshalb auch in der Literatur abgelagert. Besonders prägend waren die radikalen Revolutionäre des späten Zarenreichs, die sich überzeugt zeigten, dass sie als kleine, entschlossene Gruppe eine jahrhundertealte Ordnung erschüttern und zu Fall bringen könnten. Nach vielen erfolgreichen und gescheiterten Attentaten kamen die Revolutionäre ihrem Ziel, den Kopf der zaristischen Ordnung zu fassen, erheblich nahe, denn um die Jahreswende 1879/80 hatte Stepan Chalturin, als Tischler getarnt, unterhalb des zaristischen Speisesaals eine große Menge Dynamit deponiert. Anfang Februar 1880 machte Chalturin die Bombe scharf und traf seinen Mitverschwörer Andrei Scheljabow auf der Straße. Gemeinsam hörten sie den Knall und sahen, wie für einen kurzen Moment alle Lichter erloschen und kurz darauf Teile des Winterpalasts in Flammen standen. Die Verschwörer rechneten mit einer fatalen Wirkung, und tatsächlich forderte der Anschlag viele Todesopfer – nur nicht den Zaren. Das Ereignis machte die Verschwörer in der ganzen Welt bekannt. Der oberste Repräsentant der Autokratie schien nicht einmal mehr in seinen eigenen Wohnräumen sicher zu sein. Die Verunsicherung nahm noch zu, als bekannt wurde, dass der Geheimpolizei bereits im Vorfeld verdächtige Notizen in die Hände gefallen, die anschließenden

Durchsuchungen jedoch erfolglos geblieben waren. Die Verschwörer, so zeigten sich einige überzeugt, hatten nicht nur ausländische, sondern auch Unterstützung aus dem innersten Kreis der Macht.

Angesichts dieser empfundenen Machterosion fand der Gedanke an die rettende Kraft der Diktatur immer mehr Befürworter. Bereits einen Tag nach dem Anschlag sprach sich der konservative Journalist Michail Katkow für die Errichtung eines Regierungsorgans mit diktatorischen Vollmachten aus.[5] In schnörkelloser Prosa berief sich Katkow auf eine staatsrechtliche Tradition, für die insbesondere Namen wie Jean Bodin und Thomas Hobbes stehen, und konnte in der Tat bald zufrieden zu Kenntnis nehmen, dass seine Empfehlungen fruchteten. Zwar sollte dies den Zaren, der 1881 dann tatsächlich einem Attentat zum Opfer fiel, nicht mehr retten, allerdings war damit die Leitlinie der Politik seines Sohnes bereits festgeschrieben. Dieser Zar griff durch und konnte den revolutionären Untergrund trockenlegen. Seine Bedeutung wird in der Historiographie unterschiedlich bewertet, der aktuelle Kreml-Herr erkennt in Alexander III. immerhin eine vorbildliche Figur.[6]

Nachdem die russischen Jakobiner im Jahre 1917 ihren Willen zur Macht durchgesetzt hatten, jagten die einstigen Verschwörer all die potenziellen Anwärter auf die Macht und hoben überall im Reich sogenannte terroristische Zellen aus. Nachdem im Jahr 1934 tatsächlich der populäre Parteichef Leningrads einem terroristischen Attentat zum Opfer gefallen war, nahm Stalin endgültig von seiner Gewohnheit Abstand, sich auf offener Straße dem gemeinen Volk zu zeigen. Und nur ein Jahr später verdichteten sich die Informationen, dass im Kreml mit einer großen Verschwörung zu rechnen sei. Unmittelbarer Auslöser schien das Kaffeekränzchen einiger Putzfrauen gewesen zu sein, bei dem sie über die schlechten Zustände im Land geklagt, sich aber auch despektierlich über Stalin als Ehemann geäußert, ihn gar des Mordes an seiner zweiten Frau geziehen hatten. Allein durch Nachlässigkeit, so förderte die Untersuchung bald zutage, sei es mehreren Verschwörerzellen mit Verbindungen ins Ausland und zu Feinden im Inneren gelungen, sich im Herzen des Staats einzunisten. Die verblasste Erinnerung an das verheerende Spreng-

5 Vgl. Michail Katkov: Neobchodimost' diktatury dlja bor'by s kramoloj. Prikaz generala Gurko. Telegramma generala Bogdanoviča, in: ders.: Sobranie sočinenij v šesti tomach, St. Petersburg 2011, S. 409–412.

6 Vgl. Ulrich Schmid: Technologien der Seele. Vom Verfertigen der Wahrheit in der russischen Gegenwartskultur, Berlin 2016, S. 28.

stoffattentat im zaristischen Winterpalast erfuhr eine stalinistische Auffrischung.[7]

Offenbar war wieder einmal die Ermordung hoher Würdenträger am Ort ihrer Macht durch eine günstige Fügung vereitelt worden. Auf die Enttarnung der Verschwörung folgten Verhaftungswellen. Schließlich gab der Geheimdienst bekannt, dass nicht nur zehntausende Einzelpersonen überprüft und verhaftet, sondern sogar mehr als 100 feindliche Gruppen und Organisationen enttarnt worden seien.[8] All diese Ereignisse haben sich inzwischen abgelagert. Und obgleich diese Geschichten und ihre Interpretationen verfehlte Wirklichkeiten sein mögen, haben wir uns auf sie einen Reim gemacht. Anders verhält es sich mit der jüngeren und jüngsten Vergangenheit und erst recht mit der Gegenwart und all den Auguren, die sich auf die verschränkten Traditionen und Spiegelungen ins Bild setzen wollen. Projektionen, Gelüste oder schlichte Hoffnungen beleben die Astrologie, und irgendwie können alle Beteiligten auch etwas damit anfangen. Die Kreml-Astrologie stellt schließlich jedem Orientierungsbedürftigen das passende Horoskop aus.

Mal sahen die Interpreten in den großen Protestwellen im Windschatten des Arabischen Frühlings auch das Ende der autoritären Ordnung in Russland angebrochen. Es passte zu der beinahe romantischen Vorstellung, dass die Unterdrückung früher oder später den Herren selbst erwischen würde, obwohl diese Deutung eher ahistorischen Charakter aufweist. Dann wiederum glaubte man in der Umstellung des Sicherheitsapparates oder der Entlassung eines Ministers, der politischen Rochade in den Sicherheitsdiensten, Anzeichen einer Palastrevolution zu erkennen und bemühte die Vokabel der Instabilität. Dabei schien aus dem Blick zu geraten, dass autoritäre Ordnungen ihrem Wesen nach instabil sind, aber gerade das, in paradoxer Wendung, ihnen durchaus eine gewisse Zählebigkeit bescheren kann, weil gewiefte Machttechniker sich dessen bewusst sind und ihrem Verfall rechtzeitig entgegenarbeiten. Da nun all diese von Hoffnungen imprägnierten Einschätzungen sich noch nicht realisiert haben und somit allein im Reich möglicher Wirklichkeit verblieben, schauten die Astrologen noch einmal genauer hin und glaubten einen von Krankheit gezeichneten Führer zu erkennen.

7 Beim Geheimdienst gingen auch Informationen über vermeintliche Verschwörer ein, die ihr Bedauern über die Verhaftungen äußerten, da ihnen nunmehr der Zugang zum Machthaber verwehrt sei. Vgl. etwa RGASPI, Fond 671, op. 1, d. 43, ll. 56–57.

8 Vgl. RGASPI, Fond 17, op. 120, d. 177, l. 22; RGASPI, Fond 17, op. 2, d. 561, l. 65ob und RGASPI, Fond 17, op. 2, d. 542, ll. 55–95.

Der Umschwung schien folglich immer noch unausweichlich – mögen die bisher angeführten Gründe auch nicht der Realität gewachsen gewesen sein.

Der gewöhnlichste Tod der Wahrheit gehört also zur Geschichte. In ihr zeigt sich der Mensch zwar gelegentlich in Ansätzen fähig zur Wahrheit oder zumindest zur Wahrhaftigkeit, allerdings obsiegt nicht selten die entlastende Meinung im menschlichen Willen zum Leben. Die graue Zone zwischen Wahrheit und Lüge wird hier zum vornehmlichen Kampfplatz, und all die Überlagerungen von Fakten und Fiktionen lassen den Menschen mitunter in dem Glauben die Zuflucht suchen, es könne sich tatsächlich so verhalten, es könne eigentlich so gewesen sein. Somit findet die Isolation verpanzerter Macht im Expertentum der Mutmaßung ihre kongeniale Entsprechung. Wenn Menschen also Situationen für real halten – daran erinnerten die Soziologen Dorothy Swaine Thomas und William Isaac Thomas vor bald einhundert Jahren –, seien sie real in ihren Konsequenzen. Dies wiederum gilt im besonderen Maße für all die Sterndeuter politischer Leitartikelei; ebenso aber auch für diejenigen, denen diese Deutungen gewidmet sind. Sie alle finden sich im Netz der Mutmaßung und politischen Stochastik verstrickt, in dem Koselleck wohl eine Aufstufung der Geschichte, aber zugleich ein Stück historischer Fiktionalität erkannt hätte. Eben damit lässt sich auf beiden Seiten der Mauer spielen und dem jeweiligen Gegenüber ein Gewinn suggerieren. Beide Seiten versuchen, einander zu durchschauen, beide Seiten sind bestrebt, dem jeweils anderen einen Schritt voraus zu sein, aber eben genau deshalb finden sich am Ende alle Beteiligten abgehängt, weil der Realitätsverlust einen hohen Preis fordert. Wann und von wem er zuerst zu entrichten sein wird, würde einzig ein Astrologe zu bestimmen sich anmaßen.

Jan-Werner Müller

Der neue Kalte Krieg und andere Illusionen

Allenthalben ist zu lesen, wir befinden uns in einem «neuen Kalten Krieg». Manch ältere Jahrgänge haben in der Tat das Gefühl einer ungewollten Zeitreise ins 20. Jahrhundert: eine existentielle Bedrohung durch «Moskau»; wilde Spekulationen von Kremlinologen, die aber auch nicht wissen, was in den Köpfen des Führungspersonals vor sich geht; gespenstische Szenen an langen Tischen und vor laufenden Kameras, wo Offizielle ihre Loyalität für offenbar von einem einzelnen Mann entschiedene Maßnahmen lauthals bekunden müssen – ganz so wie Stalin seine Getreuen immer Dekrete unterschreiben ließ, damit keiner irgendwann behaupten konnte, er sei ja eigentlich gegen die Verbrechen gewesen. Zudem erleben wir eine unvermutete Wiederkehr von rhetorischen Mustern, die einst das Selbstgespräch des Westens befeuerten: Wann haben wir zuletzt Sätze gehört wie «Etwas ist nicht falsch, nur weil es die Falschen sagen», über die Gefahren eines Anti-Anti-Putinismus (analog zur Falle des Anti-Antikommunismus) sinniert, oder sich erinnert an weltanschauliche Sentenzen wie «Besser mit Sartre Unrecht als mit Aron Recht haben».[1]

1 Für die Nachgeborenen aus dem (vergriffenen) intellektuellen Wörterbuch des Kalten Krieges übersetzt, heißt das: Besser auf der Seite eines linken Stalinismus-Apologeten, der aber das Gute will, stehen, als sich mit einem hartherzigen liberalen Kalten Krieger gemeinzumachen.

Bekanntlich war der Kalte Krieg nicht nur, aber eben auch, ein weltweiter Kampf um Ideale und Erzählungen darüber, wie Ideale bestimmte Formen von Herrschaft legitimieren. Gibt es einen derartigen prinzipiellen Kampf um Weltanschauung auch heute? Erleben wir eine Blockbildung zwischen Liberalen und Populisten oder eine Konfrontation von «imperialen» und «zivilisatorisch» geprägten «Großräumen»? Oder kommt die Suche nach einem Clash der Philosophien, der geopolitische Konflikte erklärt, selber aus dem politischen Antiquariat des Kalten Krieges, welche der politischen Situation der eigenen Jetztzeit nicht gerecht wird, ein Imperativ von *cherchez l'idéologue*, der als Arbeitsbeschaffungsmaßnahme für Ideenhistoriker mit einem elegischen Nahverhältnis zum 20. Jahrhundert vielleicht sinnvoll, aber zur Analyse globaler Wirklichkeiten weniger gut geeignet scheint?

Starke Männer, ideologisch anspruchslos

Im frühen 21. Jahrhundert werden wir Zeugen einer gänzlich unerwarteten Entwicklung, die Politologen auf die Formel «demokratische Rezession» gebracht haben. Seit ungefähr der Mitte der ersten Dekade des 21. Jahrhunderts nimmt sowohl die reine Zahl, die «Quantität» von Demokratien weltweit, aber auch die «Qualität», die repräsentative Infrastruktur und der rechtsstaatliche Gehalt vieler einzelner Demokratien, stetig ab. Dies sollte eigentlich den Aufstieg einer politisch scharf umrissenen Alternative implizieren. Doch fällt einem auf dem Tableau der politischen Theorie außer dem sehr allgemeinen Begriff «Autokratie» erst einmal nicht viel ein. Es ist bezeichnend, dass Joe Biden seine Präsidentschaft unter das Vorzeichen eines neuen globalen Konflikts zwischen Demokratie und Autokratie (und keiner spezifischen Ideologie) gestellt hat; er fordert zudem, die Demokratien müssten sich auch in politischer Produzentenlogik dadurch beweisen, dass sie den Bürgerinnen und Bürgern konkrete Resultate lieferten. Zwar spielte das materielle Versprechen auf höheren Lebensstandard auch im Kalten Krieg eine nicht zu unterschätzende Rolle: Man erinnere sich nur an die berühmte *kitchen debate* in Moskau zwischen Nixon und Chruschtschow, der sich sicher war, dass die Sowjetunion in sieben Jahren die USA wirtschaftlich überholen würde. Aber der Wettstreit um Wohlstandsvermehrung war untrennbar von einem Dissens darüber, wie die Ideale von Freiheit und Gleichheit richtig zu verstehen seien – weswegen in der Küchendebatte sich Nixon und Chruschtschow auch gegenseitig aufforderten: «Haben Sie keine Angst vor Ideen!»

Als eine begriffliche Verlegenheitslösung ist in englischsprachigen Debatten heute viel von *strongmen* die Rede. Starke Männer sind offensichtlich nichts Neues in der Geschichte; zudem sagt diese Allerweltsformel wenig darüber aus, worauf vermeintlich starke Männer ihre Herrschaft gründen – sei es materiell oder ideell. Zudem ist es nicht so, dass Demokratien den Wunsch nach *leadership* grundsätzlich unter Verdacht stellen, er werde nur von autoritären Persönlichkeiten gehegt. Im Gegenteil, solange man die starken Männer (und in Demokratien mitunter auch starke Frauen) in freien und fairen Wahlen wieder loswerden kann, gelten «Führungsqualitäten» in Demokratien erst einmal als etwas Wünschenswertes.

Die «demokratische Rezession» ist denn auch nicht der Konjunktur einer rivalisierenden Ideologie geschuldet oder einem neuen Verlangen vieler Völker nach der starken Hand. Vielmehr wird die Infrastruktur vieler Demokratien unterhöhlt, ohne dass der Anspruch auf Demokratie offiziell zugunsten einer expliziten autokratischen Alternative aufgegeben wird. Vor allem Populisten behaupten, die «authentischen» Demokratien zu sein, im Gegensatz zu Liberalen, die dem großen «Lümmel» Volk eigentlich noch nie so recht getraut hätten und für die in der Tat nach dem Doppelschock von Brexit und Trump kulturpessimistische Massenpsychologie-Diagnosen über die «einfachen Leute», welche durch große Demagogen verführbar seien, wieder salonfähig geworden sind. Populisten gehen davon aus, dass das Volk eigentlich immer recht habe; ihre Aufgabe besteht letztlich nur darin, den «authentischen» Volkswillen zu vollstrecken. Nicht jeder Autokrat teilt diese Ansicht: In der zweiten Putin-Amtszeit versuchten Ideologen sich an der Idee einer «souveränen Demokratie» – ein vor allem vom Kreml-Strategen Wladislaw Surkow verbreiteter Euphemismus für das Polit-Management eines russischen Volkes, das vermeintlich noch nicht reif genug sei für die Volksherrschaft. Zudem signalisierte der mit Völkerrechtsvokabular munitionierte Begriffshybrid eine Warnung vor jeder Einmischung in russische Einflusssphären, getrieben von der Furcht vor einer orangenen Farbenrevolution wie 2004 in der Ukraine. Der Begriff konnte sich jedoch nicht durchsetzen; man blieb letztlich bei dem Anspruch auf adjektivlose, ergo «lupenreine» Demokratie.

Chinas Abschied vom Prinzipiellen

In China wiederum changiert Propaganda zwischen Meritokratie als technokratischer Alternative zu freien und pluralistischen Wahlen und einem ganz eigenen Begriff von Demokratie: Im Vorfeld von Bidens «Gipfel für Demokratie» im Dezember 2021 veröffentlichte die Regierung ein Weißbuch mit dem Titel «China: Democracy That Works». Die von Peking vertretene Theorie einer *whole-process people's democracy* läuft auf das Versprechen hinaus, dass Partei-Eliten sich um das Wohlergehen aller kümmern würden, während die «korrupte» und, wie in den USA, zunehmend «chaotische» westliche Demokratie nur immer die stärksten Lobbygruppen versorgen würde.

Man sucht vergeblich nach einer Doktrin, welche solch disparate Begriffe bündeln könnte, oder nach einer weltanschaulichen Strömung, die zumindest in einer politisierten Version weltweit fixierbar wäre – so wie es einst beim Marxismus der Fall war. Die Tatsache, dass sich die Herrschaftsformen so vieler «starker Männer» ähneln, hat dann auch weniger mit einer geteilten weltanschaulichen Provenienz zu tun, sondern damit, dass diese Führer eifrig voneinander lernen. Die zentrale Illusion der neunziger Jahre war nicht, dass die Geschichte an ihr Ende gekommen sei – so die Populärversion der komplexen Zeitdiagnose des Hegelianers Fukuyama, die noch jeder Leitartikler meint, in ein, zwei Sätzen widerlegen zu können. Der weitverbreitete Irrtum war, dass allein Demokratien reflexiv und lernfähig seien. Sie würden zwar auch ständig Fehler produzieren, aber anders als in Diktaturen könnte demokratisches Führungspersonal eigenes Versagen auch mal eingestehen – nicht zuletzt, weil es unter medialer Dauerbeobachtung stehe. So oder so sei dieses Personal stets abwählbar.

Kalte Praktiken der Autokraten

Nun haben Demokratien am Anfang des 21. Jahrhunderts lernen müssen, dass Autokratien auch lern- und ja sogar innovationsfähig sind – und zwar vor allem bei der Schaffung eines praktischen Modells, das mit sehr viel weniger Repression auskommt als die Diktaturen des 20. Jahrhunderts. Von Putin in den langen Jahrzehnten der Konsolidierung seiner Macht können Autokraten *in spe* sich abschauen, wie die Zivilgesellschaft mittels relativ harmlos wirkender Gesetze drangsaliert werden kann; wie man eine Art Schein-Zivilgesellschaft und innerparlamentarische «Systemopposition» gleichsam kreiert, um Demokratie für ein Publikum innerhalb und außerhalb des Landes zu simulieren, um international satisfaktionsfähig zu bleiben. Kopieren kann man auch die Strategie, unliebsame Medienunternehmen von regimetreuen Oligarchen aufkaufen zu lassen, Wahlsysteme zum eigenen Vorteil immer wieder neu zurechtzuschneiden, und Institutionen, welche unabhängig sein sollten – von Gerichten bis zum öffentlich-rechtlichen Rundfunk –, mit loyalen Unterstützern politisch gefügig zu machen.

Wer nicht die erforderlichen Mehrheiten hat – siehe Polens regierende Rechtspopulisten –, muss zum Frontalangriff blasen und hoffen, dass der parteipolitisch motivierte Umbau etwa des Verfassungstribunals in Warschau irgendwann als *fait accompli* akzeptiert wird. Wer aber über genug Stimmen verfügt – so wie Viktor Orbán –, kann den viel eleganteren und vor allem unauffälligeren Weg des «autokratischen Legalismus» gehen: Man befolgt Gesetze, wenn sie ins eigene Machtkalkül passen, verletzt aber im Regelfall ihren normativen Gehalt, oder es werden kurzerhand neue Gesetze verabschiedet, so dass man gegenüber Kritikern stets leutselig behaupten kann, es sei doch alles mit legalen Mitteln zugegangen. Oder man verfolgt – auch das eine in Budapest bewährte Methode – gleich mehrere Pfade zum gewünschten Ziel der Machtkonzentration. Orbán beschrieb seine Taktik vor heimischem Publikum einmal als «Pfauentanz», den er vor der Europäischen Kommission aufführen müsse: so tun, als einigte man sich auf einen Kompromiss, ein paar Konzessionen hier und da – und am Ende bekomme man die politischen Resultate, die man möchte.

Kopierte Feindbilder

Es stimmt allerdings, dass starke Männer ihre Stärke auch damit beweisen, dass sie starke Feinde besiegen. Keine Autokratie ohne das permanente Heraufbeschwören einer dräuenden Gefahr, vor der nur die Regierung ihre Getreuen beschützen kann. Auch hier kopieren die Autokraten sich transnational: George Soros wurde zu einem Allzweckfeindbild, das von Trump, Erdoğan und Orbán benutzt wird. «Fake News» lässt sich ebenso kontextunabhängig zur Diskreditierung unliebsamer Journalisten einsetzen, während für alles, was einer Regierung nicht gelingt, der *deep state* verantwortlich gemacht werden kann: von Erdoğans wirtschaftlichen Problemen, Trumps Versagen in der Pandemie bis zu allen Brexit-Folgekosten, an denen laut Boris Johnson «the people who really run the country», die Beamtenschaft, schuld sei.

Die Verwandtschaften in den Herrschaftstechniken sind also kein Zufall. Damit soll eben nicht gesagt sein, dass die gesellschaftlichen Herrschaftsgrundlagen deckungsgleich seien. Auch bei Ländern, die stets über einen Kamm geschert werden, ist dies nicht der Fall. In Polen hat die Regierung mit ihren wohlfahrtsstaatlichen Maßnahmen, die ein traditionelles Verständnis von Familie stärken sollen – vulgo: mehr Kinder, mehr Geld –, der Linken den Wind aus den Segeln genommen; in Ungarn hingegen hat Orbáns Regime das untere Drittel der Gesellschaft so gut wie abgeschrieben, dafür aber eine neue, ihm politisch treu verbundene Mittelschicht geschaffen, die sich als durchaus bürgerlich (und gerade nicht als irgendwie «abgehängt») wahrnimmt. Solch eine Basis fehlte beispielsweise dem slowenischen Orbán-Adepten Janez Janša, der dieses Jahr auch gleich abgewählt wurde.

Dass die neuen Autokraten voneinander lernen, heißt keineswegs, dass sie sich an der Macht halten können. Nur macht es schon einen Unterschied, dass sie ihre Herrschaft auf Techniken der Demokratie-Simulation gründen und keine verbindliche ideologische Linie durchsetzen wollen. Daraus folgt zum einen, dass man abweichende Ansichten nicht unbedingt mit «Repression» beantworten muss – es dürfen sich durchaus konkurrierende Meinungen in der Gesellschaft bilden, nur eben keine alternativen Machtzentren. Und zum anderen, dass man sich im Zweifelsfalle pragmatisch über Grenzen hinweghelfen kann. China, Indien, Russland, Venezuela und der Iran könnten von der offiziellen Staatsdoktrin kaum unterschiedlicher sein – von Kooperation hält sie das nicht ab. Dass Autokratien heute weniger repressiv auftreten, bedeutet nun aber nicht, dass die demokratische Maske nie fallen könnte.[2] Putin schaltet nicht erst seit diesem Februar wieder auf brutale Repression um. Auch die in vieler Hinsicht soften Autokratien haben eine Gewaltreserve; zudem kann sich in ihnen niemand so leicht wehren, wenn plötzlich das Kommando kommt, mit der Führung ideologisch konform zu gehen. Auch das ist eine Lektion des Jahres 2022: Putins Regime konnte lange ein paar liberale Medien tolerieren; aber auch diese sind jetzt zum Schweigen gebracht oder außer Landes getrieben. Und Putins ganz persönliches Geschichtsnarrativ wird landesweit, vom Fernsehen bis in die Schulbücher, kodifiziert.

2 Serguei Guriev/Daniel Treisman: Spin Dictators. The Changing Face of Tyranny in the 21st Century, Princeton 2022.

Die Achse der Autoritarismusversteher

Was global unter Autokraten geteilt wird, sind Praktiken und keine philosophischen Prinzipien. Aber hat Putin nicht schon 2019 verkündet, der Liberalismus sei «obsolet», und sich als weltanschauliche Alternative in Szene gesetzt – als Staatslenker, der traditionelle Vorstellungen von Moral zur Durchsetzung verhilft, die Religion in Ehren hält und der Politik wieder Primat einräumt? Hat nicht Orbán zuerst mit «illiberaler Demokratie» und dann mit seiner ganz eigenen Version von «Christdemokratie» *(à la hongroise)* den «heimatlosen» Konservativen im Westen ein Angebot gemacht, wie sie statt des «Modells Merkel» wieder ein prinzipienfestes Vorbild in Europa finden könnten? Und wird just nicht massiv in neurechte Think Tanks und deren ideologische Offerten investiert? In Budapest finden sich heute eine ganze Reihe staatsfinanzierter Institute, die über konservative Prinzipienpolitik allerlei Papers produzieren; man kann sich in der Stadt an der Donau in gleich drei – nach dem britischen Philosophen benannten – «Scruton Cafes» erfrischen; ein Offizieller der Orbán-Regierung pries die Stadt jüngst gar als «conservative safe space».[3] Wenn es nur pragmatisch um «Gulasch-Autoritarismus» (wie sich ein amerikanischer Beobachter ausdrückte) ginge, bräuchte man diesen intellektuellen Aufwand wohl nicht.

Auf den ersten Blick kann auch hier einiges an den Kalten Krieg gemahnen – nur unter ganz anderen Vorzeichen. Vor wenigen Jahren entdeckten vor allem konservative amerikanische Intellektuelle – von katholischen Journalisten bis hin zu einem einflussreichen Harvard-Juristen – die neuen, dezidiert antiliberalen Experimente in Osteuropa.[4] Was die US-Republikaner immer nur versprochen hatten – etwa ein striktes landesweites Abtreibungsverbot –, haben polnische Katholiken durchgesetzt; wovon Konservative an den amerikanischen Küsten immer nur träumen konnten: die «Hegemonie» der Linksliberalen an den Eliteuniversitäten zu brechen – Orbán habe es vorexerziert (indem er die Central European University des Landes verwies, die Akademie der Wissenschaft radikal umgestaltete, Gender Studies kurzerhand ganz abschaffte und viele Hochschulen de facto unter Aufsicht von politisch Verbündeten stellte). Politische Macht konsequent zu nutzen, um das moralisch «Richtige»

3 Die Selbstvermarktung kennt keine Grenzen: Heute kann man am Berliner Hauptbahnhof das aufwendig gestaltete Hochglanzmagazin «The Hungarian Conservative» erwerben.

4 Vgl. Rod Dreher: Live Not by Lies: A Manual for Christian Dissidents, New York 2020; Adrian Vermeule: Common Good Constitutionalism, Cambridge 2022; Gladden Pappin: Reclaiming Political Strategy – With Hungary. The American Conservative, unter: https://www.theamericanconservative.com/reclaiming-political-strategy-in-hungary/ .

durchzusetzen – das schien in den Augen mancher Rechter das genuine Versprechen eines Kaczyński, eines Orbán und zeitweise eben auch eines Putin.

Wussten die neuen europäischen Kulturkämpfer von rechts, was sie taten, als sie von zuerst zögerlichen Orbán-Verstehern zu glühenden Orbán-Verehrern wurden – oder sind sie schlicht «nützliche Idioten», analog zu den Salonkommunisten, die einst in die Sowjetunion reisten und die Schaffung einer neuen «Zivilisation» feierten? Selbstverständlich ist sittenstrengen Konservativen die Kritik an Ungarn als kleptokratischer Autokratie geläufig. Aber sie rechtfertigen ihre Unterstützung mit dem Argument, dass Orbán genuin populär, ergo: «demokratisch» sei – ganz anders als liberale «Eliten», die, von keinem Volk gewählt, in «Brüssel», an den Universitäten, den Menschenrechtsgerichten und in «den Medien» das Sagen hätten.

Mit spezifischen Umcodierungen von Opfergeschichten versuchen sich die neuen Kulturkämpfer die geschichtlichen Lektionen des 20. Jahrhunderts als Legitimitätsbooster zu sichern: Der gegenwärtige Liberalismus sei im Grunde nicht viel anders als der Kommunismus des 20. Jahrhunderts – behaupten sie mit dem polnischen Platon-Gelehrten und Europaabgeordneten Ryszard Legutko. Einst im Namen von «Toleranz» angetreten, unterdrückten heutige Liberale abweichende Ansichten; wer nicht ein Immer-Mehr von Autonomie und Individualismus gutheiße, werde zwar nicht gleich in den Gulag geschickt, aber doch ins Exil der «Gecancelten». So berichtet Rod Dreher, Amerikaner osteuropäischer Abstammung hätten ihm die Augen geöffnet für die Gefahren des «soften Totalitarismus» der «woken» Aktivisten von heute: Menschen, die vor Jahrzehnten aus Polen und anderen kommunistisch regierten Staaten ins *land of the free* flohen, hätten ein Sensorium dafür, wie die heutige Linke Muster aus schlimmsten stalinistischen Zeiten wiederhole. Der populärwissenschaftliche Historiker Niall Ferguson hielt in einem der staatsfinanzierten Kaderschmieden in Budapest einen Vortrag in Gegenwart Orbáns, in dem er sich lauthals über die mangelnde Meinungs- und Wissenschaftsfreiheit in den USA beklagte. Die Vertreibung der CEU erwähnte er nur am Rande und kritiklos.

Es ist bekanntlich nicht verboten, gegen gleichgeschlechtliche

Ehe zu sein oder dem Nationalstaat eine ganz eigene Normativität zuzusprechen. Was an der neuen rechten transatlantischen Ideenachse verstört, ist der bereitwillig eingeräumte Vorzug der naturrechtlich «korrekten Moral» vor der «Demokratie». Man scheint bereit, ein gehöriges Maß an Kleptokratie in Kauf zu nehmen, wenn das Regime nur die «richtige» Linie verfolge – ein Muster, das sich auch bei vielen konservativen Anhängern unter Trump fand: Der Präsident mochte intellektuell unterkomplex, vom politischen Führungsstil her ein Mafioso und als Person die reine Sünde und zudem faul sein – es war egal, solange er die «richtigen», im katholischen Naturrecht firmen Richterinnen und Richter nominierte. Oder, um es in der Sportlersprache, im Ergebnis-Existentialismus, mit einem ungarischen Regime-Ideologen zu sagen, es geht letztlich nur um eins: «Wir gewinnen, sie verlieren.»

Für Orbán ist die Errichtung eines konservativen Disneylands mitten in Europa eine *win-win*-Situation: Wenn einflussreiche rechte Kulturkämpfer sich für einen *safe space*, wo die Grenzen zwischen Nationen und Geschlechtern noch klar gezogen und gut geschützt sind, begeistern, gewinnt der ungarische Premier. Aber wenn EU-Vertreter seine Regierung beschuldigen, europäische Werte mit Füßen zu treten, gewinnt er auch. Denn die Kritik der Brüsseler «liberalen Nihilisten» (Orbán) kann stets als grundsätzlicher Dissens in moralischen Fragen uminterpretiert werden. Statt für Veruntreuung europäischer Gelder und Autokratisierung Rede und Antwort stehen zu müssen, lenkt der Autokrat die Aufmerksamkeit auf Sexualkunde in der Schule, die in «liberal» regierten Ländern aus Propaganda für Geschlechtsumwandlungen bestehe, und so ideologisch weiter und so fort. Damit soll nicht die Hetze, die Orbáns Leute gegen Minderheiten betreibt, verharmlost werden; aber es gibt einen Grund, warum der ungarische Premier die Kampfzone auf die Kultur auslagert. Auf dieser kulturalistischen Matrix kann man sich als «Opfer» von Liberalen, die ihrerseits völlig illiberal seien, inszenieren und legitimiert das Zurückstutzen der Demokratie im eigenen Land als heroischen «Widerstand» gegen übermächtige globale Kräfte.

Opium für Kulturkämpfer

Ist dies nun ein neuer weltweiter Ideenkampf? Patriarch Kyrill und Alexander Dugin auf der einen Seite der Front, Judith Butler und andere «Gender-Ideologen» auf der anderen? Die Auseinandersetzungen um Minderheitenrechte und das Verständnis von Geschlechterrollen und Geschlechtergerechtigkeit sind kein Nebenschauplatz; und es ist kein Zufall, dass die starken Männer eben Männer sind, die eine lange Reihe traditioneller Besitzansprüche verteidigen. Es stimmt jedoch auch, dass die neuen Autokraten die repräsentative Demokratie zwar de facto untergraben, aber als politischen Wert nicht prinzipiell in Frage stellen. Es gibt kein rivalisierendes weltanschauliches Modell, wie dies beispielsweise noch beim «bürokratischen Autoritarismus» im Lateinamerika des 20. Jahrhunderts der Fall war – von Faschismus und Stalinismus einmal ganz zu schweigen. Ebenso wenig wird der Kapitalismus von den neuen Autokraten grundsätzlich als Problem markiert. Im Gegenteil, China praktiziert einen dezidiert leninistischen Kapitalismus, der zwar einen Primat des Politischen bekräftigt, aber nicht die Grundmechanismen von Akkumulation, Wertschöpfung und Profit auf dem Weltmarkt in Frage stellt. Damit hat sich auch eine weitere Vorstellung aus dem späten Kalten Krieg als Illusion erwiesen – die Marktwirtschaft würde früher oder später stets demokratisierend und in Richtung Rechtsstaat wirken.

Im Angebot ist heute also kein ganz anderes Gesellschaftsmodell, sondern es sind Ideenhülsen, selektive Propaganda, die letztlich trotz globaler Rezession parasitär vom ungebrochenen Ansehen der Demokratie als umkämpfter weltanschaulicher Marke leben. Anders als im Kalten Krieg ist diese Propaganda kein «Opium für Intellektuelle» mit frei flottierender Utopiesehnsucht. Sie dient primär als Ablenkung von autoritären «Praktiken». Sie stellt aber auch eine spezifische Versuchung für neue Kulturkämpfer dar, die ihre Akzeptanz der liberalen Demokratie als reversibel betrachten.

Matthias Oppermann

Mit der Tragik rechnen

Raymond Aron im Schatten des Krieges

Kassandra muss starke Nerven haben. Wer als Einziger oder als Teil einer Minderheit dazu aufruft, einer Gefahr zu begegnen und dabei Opfer zu bringen, wird von der Mehrheit nicht gerne gehört – ganz gleich, ob er Recht hat oder nicht. So ging es in der zweiten Hälfte der 1930er Jahre Winston Churchill, als er sich gegen die Appeasement-Politik seiner eigenen Konservativen Partei wandte. Und so ging es zur selben Zeit auch Raymond Aron. «Ein glücklicher Mensch, aber verzweifelter Staatsbürger» sei er damals gewesen, schrieb er in seinen Memoiren.[1]

Aus der Deckung kommen

Aron, Jahrgang 1905 und als Kind während des Ersten Weltkriegs ein begeisterter französischer Patriot, hatte sich in den 1920er Jahren als Philosophiestudent an der École normale supérieure in Paris zum Pazifisten und, zumindest vage, auch zum Sozialisten entwickelt. Ein Deutschlandaufenthalt in den Jahren 1930 bis 1933 brachte ihn von beidem ab. In Köln und Berlin begegnete er nicht nur dem Historismus, der Existenzphilosophie und der Soziologie Max Webers, sondern beobachtete auch den Niedergang der Weimarer Republik und den Aufstieg des Nationalsozialismus. Weltanschaulich ernüchtert kehrte er nach Paris zurück. Dort bewegte er sich weiterhin im linksintellektuellen Milieu. Doch während er an seiner Thèse d'État – damals gleichzeitig Dissertation und Habilitationsschrift – arbeitete, spürte er immer wieder die Leitartikel-Versuchung, sich auch zum politischen Tagesgeschehen zu äußern. Er tat es selten, denn er fürchtete, dass man ihm unterstellen könnte, dass er nur deshalb vor Hitler-Deutschland warne, weil er Jude war. «Es war», so sagte der Agnostiker Aron später, «die Zeit des Verdachts.»[2]

Außerdem: Wer hätte ihm zuhören sollen? Noch war er nicht der Aron der Zeit nach dem Zweiten Weltkrieg, nicht der auf vielen Bühnen brillierende Kopf der liberalen Minderheitenmeinung unter den französischen Intellektuellen, nicht der renommierte politische Soziologe, Professor an der Sorbonne und Leitartikler von *Le Figaro*. In den 1930er Jahren blieb seine Wirkung, wenn davon überhaupt die Rede sein kann, auf das fein abgezirkelte Milieu der Pariser Intellektuellen beschränkt. Es ist bezeichnend, dass seine Abrechnung mit der Wirtschaftspolitik der Regierung

1 Raymond Aron: Mémoires. 50 ans de réflexion politique, Paris 1983, S. 80.

2 Ders.: Le Spectateur engagé. Entretiens avec Jean-Louis Missika et Dominique Wolton, Paris 1981, S. 33.

des Front populaire 1937 in einer philosophischen Fachzeitschrift erschien.[3] Erst nachdem er 1938 die beiden Teile seiner Thèse d'État – den *Essai sur la theorie de l'histoire dans l'Allemagne contemporaine* und die *Introduction à la philosophie de l'histoire* – veröffentlicht hatte,[4] wagte er sich ein wenig aus der Deckung. Vor der Société française de philosophie stellte er im Juni 1939 Thesen auf, die den meisten seiner «fortschrittlich» geprägten linken Zuhörerschaft ungeheuerlich erschienen. Es ging um die Frage, was die Konfrontation von liberalen und totalitären Regimen in Europa bedeutete. Er erklärte, dass es sich dabei nicht nur um einen Konflikt zwischen Staaten handele, sondern dass er auch im Inneren der liberalen Staaten bemerkbar sei.[5] Seine Idee, dass im «Zeitalter der Tyranneien»[6] die Grenze zwischen Außen- und Innenpolitik verwischt sei, war geboren.

Das brachte die liberalen Demokratien aus seiner Sicht in eine schwierige Lage, da die heroischen Tugenden und Opfer, die die totalitären Regime den Menschen verordneten, im Liberalismus erstens nicht erzwungen und zweitens nur schwer vermittelt werden könnten.[7] Die Appeasement-Politik der französischen, vor allem aber der britischen Regierung führte vor Augen, dass die Bürger beider Staaten im politischen Ernstfall kaum bereit sein würden, das Notwendige zu tun. Dahinter sah Aron die schleichende Absorption des Liberalismus: «Der fortschreitende Verfall der Demokratien zeigt sich nicht nur in materieller Hinsicht, sondern auch daran, dass in den demokratischen Völkern, zumindest in Frankreich, viele nicht mehr allzu sehr an den Wert des Regimes glauben, unter dem sie leben.»[8]

Liberal und wehrhaft

Man muss keine komplizierten Vergleiche von Ideologien und Regimen anstellen, um festzustellen, dass die Grundkonstellation heute mit der historischen Situation der 1930er Jahre verwandt ist. Man muss auch Wladimir Putin nicht mit Adolf Hitler oder Josef Stalin vergleichen, wie es hier und da geschieht, um zu erkennen, dass eine Gefahr, die Aron für das Frankreich der späten 1930er Jahre sah, für die Staaten Ostmitteleuropas nicht erst jetzt, sondern seit langem so real ist wie für die Westeuropäer die Segnungen des Wohlfahrtsstaats unter dem nuklearen Schutz-

3 Vgl. ders.: Reflexions sur les problemes économiques française, in: Revue de métaphysique et de morale 44 (1937), S. 793–822.

4 Vgl. ders.: Essai sur Ia theorie de l'histoire dans l'Allemagne contemporaine. La philosophie critique de l'histoire. Paris 1938; ders.: Introduction à la philosophie de l'histoire. Essai sur les limites de l'objectivite historique, Paris 1938.

5 Ders.: États démocratiques et États totalitaires. Communication à la Sociéte française de philosophie. Juin 1939, in: Bulletin de Société française de philosophie 40 (1946), S. 41–92. Wiederabgedruckt in: Commentaire 6 (1983–1984), S. 701–719, hier S. 708.

6 Élie Halévy: L'Ère des tyrannies. Études sur le socialisme et la guerre. Préface de Célestin Bouglé. Postface de Raymond Aron, Paris 1990 (erstmals 1938).

7 Aron: États démocratiques et États totalitaires, S. 705.

8 Ebd., S. 708.

schirm der Amerikaner. Das Münchner Abkommen lag erst wenige Wochen zurück, als Aron im Oktober 1938 seinem Freund Gaston Fessard schrieb, es sei klar, dass Frankreich, wenn es seine inneren Spaltungen nicht überwinde und sich wiederaufrichte, in zehn Jahren nicht mehr existieren werde, und zwar mit oder ohne Krieg – «durch Hitlerisierung von innen oder außen».[9]

Der gegen das Putin-Regime gerichtete Konsens in Polen mag damit zu tun haben, dass dort niemand Interesse daran hat, «putinisiert» zu werden. Das ist für viele deutsche Politiker und Intellektuelle so schwer zu verstehen, wie es für Arons Zuhörer bei der Societé française de philosophie zu begreifen war, dass liberale Demokratien bereit sein mussten, sich zu verteidigen. Aron fand es unerträglich, dass diejenigen als «Bellizisten»[10] bezeichnet würden, die daran erinnerten, dass Frankreich und Großbritannien Verpflichtungen gegenüber der Tschechoslowakei hätten. Die Politiker, Intellektuellen, Wissenschaftler und Journalisten, die seit dem Kaukasuskrieg von 2008, spätestens aber seit der Annexion der Krim im Jahr 2014, im Westen auf die Notwendigkeit hinweisen, Putins Russland einzudämmen, haben ähnliche Erfahrungen gemacht.

Lieber Krieg als Knechtschaft

1939 war die Situation freilich weitaus bedrohlicher als heute, und der junge Philosoph Aron hatte keine Möglichkeit, etwas für die Wiederaufrichtung seines Landes zu tun. Es gab andere Personen mit größerem Einfluss, die es zumindest versuchten. Um genau zu sein, waren es nicht mehr als zwei führende französische Politiker, die ihre Landsleute nach dem 20. Januar 1933 immer wieder vor der von Hitler-Deutschland ausgehenden Gefahr warnten: André Tardieu und Paul Reynaud,[11] beide Vertreter der rechtsliberalen Alliance démocratique, der auch Aron nahestand, ohne es schon zugeben zu können. Aber sie wurden ebenso wenig gehört wie Oberst Charles de Gaulle, der zumindest später zweimal die Gelegenheit erhielt, Frankreich zu retten.

So nahmen die Ereignisse ihren Lauf. Hitler entfesselte den Zweiten Weltkrieg, Frankreich kapitulierte nach der Drôle de Guerre, und Aron fand sich Ende Juni 1940 im Londoner Exil wieder, wo er sich de Gaulles France libre zur Verfügung stellte.

9 Raymond Aron an Gaston Fessard. 28. Oktober 1938, in: Commentaire 26 (2003), S. 611–615, hier S. 613 f.

10 Ebd.

11 Vgl. Maxime Tandonnet: André Tardieu. L'incompris, Paris 2019, S. 180–182; Stefan Grüner: Paul Reynaud (1878–1966). Biographische Studien zum Liberalismus in Frankreich, München 2001, S. 255–260.

In den 1930er Jahren hatte er zu dem Thema gefunden, das sein Werk als roter Faden durchzieht: die Verteidigung der Freiheit gegen jede Form der Tyrannei. Als Chefredakteur der Zeitschrift *La France libre* vertiefte er bis 1944 nicht nur sein Verständnis des Nationalsozialismus, sondern legte auch die Grundlage für seine Beschäftigung mit den internationalen Beziehungen, die 1962 in seinem wohl gewichtigsten Buch *Paix et guerre entre les nations* kulminierte.[12]

Am Anfang dieser Überlegungen stand die Auseinandersetzung mit dem französischen Pazifismus der Zwischenkriegszeit, der aus Arons Sicht dazu geführt hatte, dass Frankreich am Ende den Frieden und die Freiheit verloren hatte. Den entscheidenden Schluss daraus zog er 1941 in dem Aufsatz «Philosophie du pacifisme»: «Die Triumphe des Hitlerismus waren nötig, damit die Mehrheit der Pazifisten erkannte, dass zumindest ein Übel größer war als der Krieg: die Knechtschaft.»[13] Der eine oder andere Leser wird damals erkannt haben, dass Aron damit auf die Maxime «Lieber Knechtschaft als Krieg» anspielte, die von dem Gewerkschafter Jean Mathé stammte.[14] Indem Aron den Ausspruch nun umkehrte, stellte er fast so etwas wie ein politisches Programm auf. «Lieber Krieg als Knechtschaft» – dieses Gebot verpflichtete die liberale Demokratie darauf, ihre Freiheiten niemals einem radikalen Pazifismus zu opfern.

Der Liberale wählt den Krieg nicht, weil er ihn will, sondern weil er sich nicht vermeiden lässt, weil sich mit ihm ein größeres Übel abwenden lässt. In einer existentiellen Situation muss der Mensch eine «historische Wahl» treffen, wie Aron 1938 in der *Introduction à la philosophie de l'histoire* schrieb: «Die menschliche Existenz ist dialektisch, das heißt dramatisch, denn sie handelt in einer inkoheränten Welt, widersetzt sich der Dauer und sucht eine flüchtige Wahrheit, ohne eine andere Sicherheit zu haben als eine fragmentarische Wissenschaft und eine formelle Reflexion.»[15] In seinen Memoiren erklärte Aron 1983 dazu, dass «tragisch» die Sache besser treffe als «dramatisch».[16] Indem er die Gewissheit formulierte, dass der Verlust der Freiheit schlimmer als der Krieg sei, wendete er die Idee von der Tragik der menschlichen Existenz ins Politische. Seine Lehre aus den 1930er und 40er Jahren war ein «aktiver Pessimismus»:[17] Niemals resignie-

12 Vgl. Raymond Aron: Paix et guerre entre les nations. Nachdruck der 8. Aufl. von 1984, Paris 1992 (erstmals 1962).

13 Ders.: Philosophie du pacifisme, in: La France libre 1, 3 (1941), S. 267–274. Wiederabgedruckt in: ders.: Chroniques de guerre. La France libre 1940–1945. Préface de Jean-Marie Soutou. Édition revue et annotée par Christian Bachelier, Paris 1990, S. 481–491, hier S. 486.

14 Vgl. Jean Defrasne: Le pacifisme. Paris 1983, S. 109.

15 Aron: Introduction à la philosophie de l'histoire, S. 437.

16 Ders.: Memoires, S. 741.

17 Ders: De la condition historique du sociologue. Leçon inaugurale au College de France. Paris 1971. Wiederabgedruckt in: ders.: Études sociologiques, Paris 1988, S. 281–309, hier S. 288.

ren, aber mit der Tragik der Geschichte rechnen – dieses Axiom des Aron'schen Liberalismus gilt vor allem für die internationalen Beziehungen.

Den Atomkrieg denken

Wenn Aron aber immer wieder die Überzeugung zugeschrieben wurde, dass die Geschichte tragisch sei, so weniger auf der Grundlage seiner politischen Schriften aus dem Zweiten Weltkrieg oder gar seiner geschichtsphilosophischen oder erkenntnistheoretischen Arbeiten der 1930er Jahre. Augenfällig wurde Arons Sinn für das Tragische vielmehr dadurch, dass er diesen Valéry Giscard d'Estaing absprach. Der junge Präsident der Republik hatte Aron nach seiner Wahl im Mai 1974 in zwei Gesprächen zu verstehen gegeben, dass er nicht fähig sei, den Atomkrieg zu denken oder sich eine Situation vorzustellen, in der der Einsatz von Nuklearwaffen unvermeidlich sei. Am Abend nach dem zweiten Gespräch soll Aron zu seiner Tochter gesagt haben: «Weißt du, der junge Mann weiß nicht, dass die Geschichte tragisch ist.»[18]

Die Rede von Giscards Serenität ist in Frankreich ein Topos. Wie Aron war er ein herausragender Repräsentant des politischen Liberalismus. Tiefe Spuren hat der Liberalismus in Frankreich zwar nicht hinterlassen, aber dafür einige herausragende Denker hervorgebracht. Während Aron an Alexis de Tocqueville und seiner Vorstellung eines komplexen Zusammenspiels persönlicher und politischer Freiheiten anknüpfte, war Giscard ein Adept Benjamin Constants, der die individuelle Freiheit höher als die politische geschätzt und an die pazifierende Wirkung des Handels geglaubt hatte.[19] Geprägt von einem über die Maßen optimistischen Naturell, folgte Giscard dieser Linie und weigerte sich, zu glauben, dass der Konflikt des Kalten Kriegs auf einem unüberbrückbaren ideologischen Gegensatz zwischen den Vereinigten Staaten und der Sowjetunion beruhte. Giscard war davon überzeugt, dass sich der Charakter der Sowjetunion durch stetigen Handel mit dem Westen ändern werde und der Frieden dadurch gesichert werden könne.[20] Nicht anders als Helmut Schmidt schien auch ihm das oberste Gebot zu sein, die Sowjetunion nicht zu provozieren.

18 Zit. nach Nicolas Baverez: Raymond Aron. Un moraliste au temps des idéologies. Paris 1993, S. 438.

19 Vgl. Benjamin Constant: De l'Esprit de conquête et de l'usurpation dans leur rapports avec la civilisation européenne (1814), in: ders.: Écrits politiques. Textes choisis, présentés et annotés par Marcel Gauchet. Paris 1997, S. 117–302, hier Teil I, Kap. II, S. 130.

20 Vgl. dazu Giscards Vorwort in Samuel Pisar: Transactions entre l'Est et l'Ouest. Préface de Valéry Giscard d'Estaing. Paris 1972.

Emmanuel Macron als Trittbrettfahrer

Fast scheint es, als habe Emmanuel Macron seit 2018 versucht, sich von diesem optimistisch merkantilen Liberalismus abzusetzen, indem er Arons Idee der Tragik der Geschichte zitierte. Schließlich wurde er seit Beginn seiner ersten Amtszeit immer wieder mit Giscard d'Estaing verglichen. Bei den Feierlichkeiten zum 100. Jahrestag des Endes des Ersten Weltkriegs warnte Macron angesichts der Entwicklungen in einigen westlichen Staaten davor, «die Geschichte» drohe «ihren tragischen Verlauf wiederaufzunehmen».[21]

Am 19. Januar 2022 forderte er die europäischen Staaten angesichts «der Rückkehr der Tragik der Geschichte» dazu auf, ihre Unabhängigkeit durch eine gemeinsame Armee zu sichern.[22] Und schließlich sagte er unmittelbar nach dem Beginn des russischen Überfalls auf die Ukraine in einer Pressekonferenz: «Die tragischen Zeiten der Geschichte kehren zurück.»[23]

Dass Macron mehrmals auf Aron anspielte und glaubte, verstanden zu werden, zeigt erst einmal, dass in Frankreich zumindest noch Residuen der République des lettres vorhanden sind. In politischer Hinsicht erweist sich Macron schon auf den zweiten Blick nur als Trittbrettfahrer des Aron'schen Liberalismus.

Seine Rhetorik gegenüber Putin war zwar in seinem ersten Präsidentschaftswahlkampf, während seines Quinquennats und erst recht im zweiten Wahlkampf von einer gewissen Schärfe geprägt, aber dieser sprachlichen Angriffslust stand in der politischen Praxis kaum etwas Vergleichbares gegenüber.

Mit seiner unermüdlichen Bereitschaft, mit Putin während des Kriegs in der Ukraine zu verhandeln, stellte er sich mehr in die Tradition Giscard d'Estaings als in diejenige Arons. Und sein Plädoyer vom Juni 2022, Russland nicht zu demütigen,[24] hätte Aron nur mit Kopfschütteln quittiert. Denn die existentielle Dimension des politischen Liberalismus, die Fragilität der Freiheiten in einer Welt im «Schatten des Krieges»[25] war nur eine Lehre, die Aron aus den Erfahrungen der 1930er und 40er Jahre zog. Man muss sich nur daran erinnern, dass er davon träumte, durch die Überführung der Gebeine des napoleoanischen Generals Charles Etienne Gudin von Russland nach Paris Putin eine «europäische Sicherheitsarchitektur» schmackhaft zu machen.

21 Zit. nach Loris Boichot: Macron: «Les démons anciens resurgissent, l'Histoire menace de reprendre son cours tragique», in: Le Figaro vom 11.11.2018.

22 Zit. nach Jean Quatremer: Emmanuel Macron à Strasbourg. Une stratégie européenne fondée sur une défense commune, in: Libération vom 19.1.2022.

23 Zit. nach Guerre en Ukraine. «Les temps tragiques de l'histoire reviennent», regrette Macron, in: Le Parisien vom 25.2.2022.

24 Sven Lemkemeyer: «Wir dürfen Russland nicht demütigen». Scharfe Kritik an Macrons Aussagen zum Ukraine-Krieg, in: Der Tagesspiegel vom 5.6.2022.

25 Aron: Paix et guerre, S. 18.

Der Sowjetstaat, das militärische Imperium und die absolute Feindschaft

Eine andere war diejenige vom unausweichlich ideologischen Charakter der Staatenbeziehungen im 20. Jahrhundert. Hans J. Morgenthau gründete seine Theorie auf die Vorstellung vom absoluten Primat der Macht. In seinem Hauptwerk *Politics among nations* heißt es, «internationale Politik» sei, «wie jede andere Politik», ein Kampf um die Macht.»[26] Daran hatte Aron erhebliche Zweifel. Aus seiner Sicht strebten die Staaten keineswegs nur nach Macht, sondern verfolgten eine Vielzahl von Zielen, die er in drei sogenannten «ewigen Zielen» zusammenfasste: Staaten ging es um die Erweiterung ihrer Macht, um Ruhm oder um die Verbreitung einer Idee.[27] Der «wahre Realismus» bestehe im 20. Jahrhundert darin, die innere Verfasstheit der Staaten und die Ideologie derjenigen, die sie regierten, in die Beurteilung ihres außenpolitischen Verhaltens einzubeziehen.[28]

Anders als für die orthodoxen Vertreter der realistischen Schule war die Sowjetunion für Aron deshalb kein Staat wie jeder andere, wie er nicht müde wurde, den Franzosen zu erklären. So wie das «Dritte Reich» war auch der Sowjetstaat ein von einer «säkularen Religion»[29] getriebenes militärisches Imperium. Schon in seinem Vortrag von 1939 vor der Société française de philosophie zeigte Aron sich überzeugt davon, dass es sich bei den totalitären Staaten um revolutionäre Regime handele, die das Staatensystem zerstören wollten.[30] Die Feindschaft der Sowjetunion gegenüber dem liberalen Westen war in seinen Augen ebenso absolut wie diejenige Hitlers es gewesen war, oder, wie Aron 1951 schrieb: «Stalin ist in Hitlers Fußstapfen getreten.»[31] In diesem Konflikt zwischen Freiheit oder Unfreiheit, so Aron im Jahr 1939, seien «die totalitären Regime […] wirklich revolutionär, die Demokratien wesensmäßig konservativ».[32]

Auszug aus Balkonien

Im Grunde konnte Aron seine politische resignative Stimmung der 1930er Jahre nie ganz hinter sich lassen. Mit journalistischen Büchern wie *Le Grand Schisme* oder *Les Guerres en chaînes* machte er sich zum Anwalt des Atlantizismus und des Containment in Frankreich.[33] Auch in den Jahren der Entspannungspolitik sah er

26 Hans J. Morgenthau: Politics among Nations. The Struggle for Power and Peace. 5. Aufl., New York 1973 (erstmals 1948), S. 27.

27 Vgl. Aron: Paix et guerre, S. 85–87.

28 Ebd., S. 587.

29 Ders.: L'avenir des religions seculieres, I und II, in: La France libre 8, 45 (1944), S. 210–217 und La France libre 8, 46 (1944), S. 269–277. Wiederabgedruckt in: ders., Chroniques de guerre, S. 925–936 und S. 936–948, hier passim.

30 Vgl. ders: États démocratique et États totalitaires, S. 704.

31 Ders.: France in the Cold War, in: The Political Quarterly 22, 1 (1951), S. 57–66, hier S. 63.

32 Ders.: États démocratiques et États totalitaires, S. 704.

33 Vgl. ders.: Le Grand Schisme. Paris 1948; ders: Les Guerres en chaîne. Paris 1951.

keinen Grund, von dieser Linie abzuweichen. In den 1970er Jahren attestierte er den Europäern eine Zivilisationskrise, die ihre Ursache nicht allein in der militärischen Unterlegenheit gegenüber der Sowjetunion hatte. Alles Wesentliche findet sich dazu in Arons *Plaidoyer pour l'Europe décadente* von 1977, in dem er sich zu zeigen bemühte, dass das «liberale Europa» dem «ideokratischen Europa» der Sowjetunion im Grunde überlegen sei, aber Opfer seiner eigenen Verzagtheit zu werden drohe.[34]

Im zweiten Band seiner großen Studie *Penser la guerre, Clausewitz* schrieb er in dieser Zeit, es sei die «große Illusion» der Westeuropäer, mitunter sogar der Amerikaner, dass sie «allen Völkern und denjenigen, die sie regieren, dieselbe Rationalität unterstellen, und zwar diejenige des Ökonomen, der Kosten und Nutzen abwägt».[35] Das ist ein Satz, der auch in den Jahren der vermeintlichen Friedensdividende von 2008 bis 2022 hätte geschrieben werden können. Auch die auf ihn folgende Aussage hat womöglich nichts von ihrer Gültigkeit verloren – ungeachtet des für einen Franzosen der Generation Arons typischen Pathos: «Die Europäer möchten aus der Geschichte aussteigen, aus der großen Geschichte, die mit blutigen Buchstaben geschrieben wird.»[36] Schon 1968 hatte er gesagt, die Westeuropäer wollten sich auf den «Balkon der Geschichte» zurückziehen, um von dort das Spektakel der großen Politik zu beobachten.[37]

Die Jahrzehnte nach dem Umbruch von 1989/90 waren von denselben Illusionen geprägt, die Aron in den 1970er Jahren beschrieben hatte. Die These vom «Ende der Geschichte» war so wirkmächtig, dass kaum jemand die Notwendigkeit sah, den «Balkon der Geschichte» gegen die realpolitische Kampfzone einzutauschen, auf der sich die Beziehungen zwischen liberalen Staaten und Tyranneien wie China und Russland notwendigerweise abspielen. Auch um Aron wurde es seit seinem Tod im Jahr 1983 und vor allem nach 1990 immer ruhiger. Nun aber, mit dem russischen Überfall auf die Ukraine, ist Unruhe auf dem «Balkon der Geschichte» ausgebrochen. Ein einziger Satz aus *Les Guerres en chaîne* kann helfen, zu verstehen, was gerade begonnen hatte: «Wie riesig Imperien auch werden mögen, sind sie doch nie groß genug, um den Hunger der Cäsaren zu stillen.»[38]

34 Vgl. ders.: Plaidoyer pour l'Europe decadente, Paris 1977, S. 155–157.

35 Ders. Penser la guerre, Clausewitz. Bd. II: L'âge planétaire. Nachdruck Paris 1995 (erstmals 1976), S. 283.

36 Ebd.

37 Ders: L'idee européenne. Du discours de Zurich au Marche commun, in: Schweizer Monatshefte 48,3 (1968), S. 225–240, hier S. 239 f.

38 Ders.: Les Guerres en chaîne, S. 112.

Patrick Bahners

Testfall für die Nato-Philosophie

Jürgen Habermas im Sommer 1983

Paul Scott Williams Jr., Generalleutnant im Ruhestand, starb am 8. Juli 1995 mit 65 Jahren und wurde auf dem Nationalfriedhof Arlington beigesetzt. Die vorletzte Station seiner Dienstzeit hatte er in Deutschland absolviert, als Kommandierender General des V. Korps der US-Armee mit Hauptquartier in Frankfurt am Main. Unfreiwillige Bekanntheit erlangte General Williams im Sommer 1983 als Opfer eines Angriffs, den ein Abgeordneter der Grünen im Hessischen Landtag auf einem Empfang des Landtagspräsidenten ausführte. Während der Ansprache des Generals trat der Abgeordnete Frank Schwalba-Hoth, ein 1952 geborener Studienreferendar, auf ihn zu und bespritzte seine Uniform mit einer roten Flüssigkeit aus einer kleinen Flasche, wobei er die Parole «Blood for the bloody Army!» ausrief. Schwalba-Hoth wollte damit gegen die unmittelbar bevorstehende Stationierung atomarer Mittelstreckenraketen protestieren. Er gab später an, dass er am Morgen des Tattags 100 Milliliter seines eigenen Blutes von einem Arzt hatte abzapfen lassen. Der Landtagskorrespondent der *Frankfurter Allgemeinen Zeitung* notierte als Augenzeuge, dass der beschmutzte General ungerührt in seiner Rede fortfuhr und mit keinem Wort auf den Zwischenfall einging. Er hatte wohl, so spekulierte der Berichterstatter, mit einer Attacke gerechnet, war vielleicht auch gewarnt worden. Während Williams weiterredete, ging Schwalba-Hoth zu Boden. «Einer der amerikanischen Kommandeure hatte ihn mit einem blitzschnellen Judogriff aufs Parkett gelegt.»[1] In der erregten öffentlichen Diskussion, die das Fanal des 3. August 1983 auslöste, war die Frage der Verhältnismäßigkeit dieser Gegenwehr nie ein Thema.

Bundesaußenminister Genscher übermittelte nach Washington per Telegramm den «Abscheu des gesamten deutschen Volkes»,[2] und Bundesratspräsident Rau erklärte, die Mehrheit des Volkes sei «tief betroffen und beschämt».[3] Tatsächlich wurde Schwalba-Hoth jenseits seiner Partei einhellig verurteilt, auch von Wortführern der Friedensbewegung. Die Führung der jungen Bundespartei Die Grünen stürzte die Sache in erhebliche Verlegenheit, als sich herausstellte, dass er nicht etwa als Einzeltäter gehandelt hatte. Der Abgeordnete Reinhard Brückner, ein Pfarrer der evangelischen Landeskirche, sagte in einer Landtagssitzung, die Grünen hätten symbolpolitisch ein Zeichen setzen wollen,

1 bhr. [Alfred Behr]: Grünen-Abgeordneter besudelt US-General. Peinlicher Zwischenfall bei einem Empfang im Landtag / Börner entschuldigt sich, Frankfurter Allgemeine Zeitung (Rhein-Main-Zeitung), 4. August 1983, S. 21.

2 neb.: Blut gegen einen General. Vor zehn Jahren: Skandal um den Grünen Schwalba-Hoth, Frankfurter Allgemeine Zeitung (Rhein-Main-Zeitung), 4. August 1983, S. 34.

3 ban. [Günter Bannas]: Betretenes Schweigen bei den Bonner Grünen, Frankfurter Allgemeine Zeitung, 5. August 1983, S. 2. Siehe auch James M. Markham: Bonn Contrite Over Activist Who Spilled Blood on General, The New York Times, 5. August 1983, S. A4.

«das sorgsam bedacht war».[4] Der Sinn des Zeichens sollte sich aus dem Umstand erschließen, dass sich das von Schwalba-Hoth verschüttete Blut über die Ordenszeichen auf der Uniformjacke des Generalleutnants ergossen hatte. Die hessische Partei ließ ein Flugblatt drucken, mit dem sie der Kommentarbedürftigkeit des Happenings Rechnung trug und ausbuchstabierte, was sie gleichwohl für moralisch evident hielt. Demnach hatte Williams «Blutorden aus Vietnam, El Salvador, Nicaragua» getragen. «Ein US-General in vollem Wichs ist eine Provokation in einem Land, wo gegen den Willen der Bevölkerung die Stationierung von Cruise missiles und Pershing II durchgesetzt werden soll.»[5]

Quis judicabit? Wer provozierte wen? Jürgen Habermas arbeitete damals an einer Klärung der legitimen Rechtfertigungsgründe zivilen Ungehorsams. Im September 1983 hielt er in Bonn beim Kulturforum der SPD einen Vortrag über die Rechtsgehorsamsverweigerung als «Testfall für den demokratischen Rechtsstaat», in dem er auch auf das Wiesbadener Ereignis zu sprechen kam – als negatives Beispiel für den Ausfall von Dispositionen der Selbstbeherrschung, die vorhanden sein müssen, damit der kalkulierte Regelbruch die erwünschte Wirkung haben kann. «Wie es in einer politischen Kultur aussieht, wenn diese Zurückhaltung auf beiden Seiten fehlt, zeigt die in ihren Voraussetzungen und Mitteln undurchdachte Demonstration des Abgeordneten Schwalba-Hoth, zeigt freilich deutlicher noch die unsägliche Suada, die die sogenannte ‹Blutsudelei› ausgelöst hat. Wenn es in dieser Geschichte, abgesehen von der atavistischen Ordensbrust des Generals, etwas Blutrünstiges gegeben hat, dann war es der Schrei nach Strafe für ‹das scheußliche Blutattentat›.»[6]

Matthew Specter hat in seiner Biographie von Habermas den Schlüsselcharakter der Ausarbeitungen zum zivilen Ungehorsam herauspräpariert.[7] Außen-, rechts- und vergangenheitspolitische Interventionen kommen hier zusammen. Zum Für und Wider der Nachrüstung hat Habermas sich erst im Zuge der Diskussion über die Methoden der Friedensbewegung geäußert. Und mit dem Ideal des Rechtsstaats, der sich durch die Übertretung seiner Gesetze zum Überdenken seiner Grundlagen herausfordern lässt, gewinnt Habermas das Modell eines selbstreflexiven Staates, das er zweieinhalb Jahre später im Historikerstreit gegen das

4 Hessischer Landtag: Plenarprotokoll 10/18, Sitzung vom 4. August 1983, S. 1066.

5 F.A.Z., 4. August 1983, S. 21.

6 Jürgen Habermas: Ziviler Ungehorsam: Testfall für den demokratischen Rechtsstaat, in: ders.: Die neue Unübersichtlichkeit. Kleine politische Schriften V, Frankfur/M. 1985, S. 79–99, hier S. 89.

7 Matthew G. Specter: Habermas. An Intellectual Biography, Cambridge 2010, S. 152 ff.

von ihm aufgedeckte konservative Kommandounternehmen verteidigt, den deutschen Staat wieder als Nation zu begründen: mit Ursprungserzählung, Schicksalsortsbestimmung und Ausgrenzung von Feinden. Ein Hauptgedanke der Texte von 1983 istdie Entlarvung der Reaktion der Staatsrechtslehre auf die Gedankenspiele des kreativen Politprotests als Überreaktion. Im Beharren auf einer Legaldefinition von Gewalt und im unbedingten Willen, Blockierer auch moralisch zu diskriminieren, kommt für Habermas das unselige Erbe Carl Schmitts zum Vorschein, eine Vorstellung vom Staat als vordiskursiver Machtsubstanz – der Autorität aus dem Nichts. Politisch bestimmend war für das Interesse von Habermas an den neuen sozialen Bewegungen nicht das Vertrauen auf das freie Spiel der Gegenkräfte, sondern die Vermutung eines Überhangs autoritärer Strukturen im Staatsapparat der Bundesrepublik. Deshalb «Testfall».

Von hier aus erschließt sich, warum Habermas in der Wiesbadener Affäre die Reaktion auf den Skandal als den eigentlichen Skandal markierte. Deutlich wird allerdings auch, wie seine Hermeneutik des Misstrauens ihn zu Überzeichnungen verleitete. Zentral für seine Theorie des zivilen Ungehorsams ist der Gedanke, dass der Rechtsbrecher die Strafe annehmen muss, weil er dadurch für die Integrität des Rechtsstaats eintritt. An der Forderung, Schwalba-Hoths Handlung strafrechtlich zu prüfen, konnte Habermas eigentlich nichts aussetzen. Seine Beschwerde über den «Schrei nach Strafe» muss man daher auf den Ton beziehen. Wie fast immer, wenn Habermas wegen undemokratischer Einstellungen der Presse Alarm schlug, war der Auslöser die F.A.Z. Friedrich Karl Fromme, der verantwortliche Redakteur für Innenpolitik, hatte am 6. August 1983 geschrieben: «Jener grüne Abgeordnete aus Hessen sollte für sein scheußliches Blut-Attentat auf einen amerikanischen General rasch zur Verantwortung gezogen werden.»[8] Die Wortwahl der F.A.Z.-Kommentare wurde auch in Leserbriefen gerügt. Das Wort «Blutanschlag»[9] sei «Stimmungsmache», die «emotionalisieren» wolle; es wäre richtig gewesen bei einem «Massaker mit mehreren Toten» und passe nicht auf «die doch tatsächlich niemanden verletzende Tat des Abgeordneten».[10] Habermas ließ die Sachlichkeit solcher Sprachkritik hinter sich und machte seinerseits Stimmung, indem er bei

8 fr. [Friedrich Karl Fromme]: Bald die Strafe, Frankfurter Allgemeine Zeitung, 6. August 1983, S. 8.

9 G.H. [Georg Paul Hefty]: «Friedens»-Bewegung, Frankfurter Allgemeine Zeitung, 29. August 1983, S. 8.

10 Fred Jung: Stimmungsmache, Frankfurter Allgemeine Zeitung, 15. September 1983, S. 9.

Fromme etwas Blutrünstiges entdeckte, also hinter dem Aussprechen der Strafdrohung eine Gewaltphantasie ausmachte.

Aber mitnichten deutete Fromme sadistische Freude über das körperliche Ungemach an, das eine Haftstrafe bedeutet hätte. Er wies darauf hin, dass nach dem Gesetz eine etwaige Bestrafung «nicht sonderlich hart ausfallen» könne. Auch er wollte ein Zeichen gesetzt wissen: Die «geltende Ordnung» sollte zeigen, dass sie ein Minimum an «Respekt» verlange.[11] Bei dem liberalen Tübinger Politikwissenschaftler Theodor Eschenburg hatte Fromme eine Doktorarbeit über den Parlamentarischen Rat verfasst.[12] Ein Leitmotiv seiner Leitartikel war ein Gespür dafür, wie sehr die Verfassungspraxis auf die Akzeptanz einer unruhigen Öffentlichkeit angewiesen war. In der Sache berührte sich ein solcher institutioneller Positivismus mit den Bemühungen des ein Jahr älteren Jürgen Habermas um diskursive Herstellung politischer Legitimität, aber Habermas konnte die Gemeinsamkeit offenbar nicht sehen.

Schwalba-Hoths «Demonstration» schob Habermas mit dem pauschalen Verdikt von den undurchdachten Voraussetzungen und Mitteln in die Ecke des Indiskutablen ab. So entzog er sich der Erörterung derjenigen Punkte der Diskussion über den Fall, die geeignet waren, seine politische Gewissheit in Sachen des zivilen Ungehorsams zu erschüttern: die Überzeugung, dass in der Konfrontation zwischen Protestbewegung und Staatsmacht die aus bedenklichen deutschen Traditionen gespeisten Reflexe nur auf der Seite der Macht zu finden waren. Für den CDU-Bundestagsabgeordneten Wissmann offenbarte das «fanatische und rücksichtslose Vorgehen» Schwalba-Hoths, dass es bei den Grünen «Elemente eines neuen Faschismus» gebe.[13] Solche historischen Assoziationen konnte insbesondere das religiöse Moment in Schwalba-Hoths fanatischem Auftreten unter Einsatz von Eigenblut wachrufen. Pfarrer Heinrich Albertz nannte das symbolische Blutvergießen «ganz schrecklich», auch als Zeichen «der apokalyptischen Vorstellungen, in die manche unserer Freunde verfallen sind».[14] Der grüne Pfarrer Brückner wertete diese entschiedene Verkopplung von Vorstellung und Handlung performativ positiv. «Hätte Frank Schwalba-Hoth die Symbolhandlung, die mich an die alttestamentlicher Propheten erinnert,

11 Die von der Staatsanwaltschaft nach einem Strafantrag des Landtagspräsidenten eingeleiteten Ermittlungsverfahren wegen Körperverletzung, Sachbeschädigung und Beleidigung sowie Hausfriedensbruch wurden eingestellt. General Williams sah von einer Strafanzeige ab. In einem Disziplininarverfahren der Bundeswehr wurde der Reserveoffizier Schwalba-Hoth vom Leutnant zum Kanonier degradiert. Das Bundesverwaltungsgericht wies seine Berufung gegen das Urteil des Truppendienstgerichts zurück. Siehe F.A.Z. vom 5. August 1983, 9. Dezember 1983 und 1. Oktober 1986.

12 Friedrich Karl Fromme: Von der Weimarer Verfassung zum Bonner Grundgesetz. Die verfassungspolitischen Folgerungen des Parlamentarischen Rates aus Weimarer Republik und nationalsozialistischer Diktatur, Tübingen 1962.

13 ban. [Günter Bannas]: Grüne distanzieren sich nicht von der «Blut-Aktion», Frankfurter Allgemeine Zeitung, 8. August 1983, S. 3.

14 F.A.Z., Grüne billigen Anschlag – Vogel verurteilt die Tat, Frankfurter Allgemeine Zeitung, 6. August 1983, S. 1.

nicht getan, hätten andere es versucht, auch ich.»[15] Die Handlung war ein Akt der Stellvertretung gewesen und eine Aufforderung zur Nachfolge. Wie eine Blut-Heiligenfigur zog Schwalba-Hoth Verehrung auf sich. Eine Aktionsgruppe der Friedensbewegung sprach ihm Dank dafür aus, dass er die «Wahrheit» über die amerikanische Kriegspolitik «mit seinem eigenen Blut allen wieder vor Augen geführt hat».[16] Der Einsatz der eigenen Körperflüssigkeit, der Ekel hervorgerufen hatte, enthüllte seinen Sinn, wenn man ihn gemäß der religiösen Logik einer Ökonomie des symbolischen Tauschs betrachtete. Schwalba-Hoth hatte stellvertretend für die Opfer amerikanischer Kriegsgewalt und für die Deutschen als die möglichen nächsten Opfer der amerikanischen Aufrüstung gehandelt. Sein Angriff auf Williams vollzog eine Täter-Opfer-Umkehr. Brückner wurde im Landtag das Wort entzogen, als er ausführte, dass Die Grünen «eigenes Blut auf Uniform und Auszeichnungen von Personen» hätten bringen wollen, «die ein System repräsentieren, das fremdes Blut rücksichtslos vergossen hat».[17] Hier erschien die amerikanische Präsenz auf deutschem Boden als Fremdherrschaft und der Protest dagegen als nationaler Widerstand. Ein tellurischer Nationalismus trat aus der Latenz, der einer der heterogenen Beweggründe für die Gründung der grünen Partei gewesen war.

Dass Genscher, Jahrgang 1927, und Rau, Jahrgang 1931, glauben durften, mit ihrem Abscheu für eine Mehrheit des Volkes zu sprechen, hatte mit der Erinnerung an den von Hitler gestifteten Kult der «Blutzeugen» der NSDAP zu tun. Veteranen des Bürgerkriegs gegen die Weimarer Demokratie wurde das Ehrenzeichen des 9. November 1923 verliehen, das später auch offiziell «Blutorden» genannt wurde. Wenn die Abzeichen auf der Brust von Williams als «Blutorden» tituliert wurden, wurde der amerikanische General in dieselbe assoziative Gesellschaft gebracht wie durch die von den Grünen ausgegebene relativierende Erklärung, das «Überschütten von Generalsorden mit Blut» sei angesichts der Gefahr eines «atomaren Holocausts» das Gegenteil einer Gewalttat.[18] Habermas hatte fünfzehn Jahre zuvor während der Studentenbewegung vor einem gewalttätigen Voluntarismus der ethischen Unbedingtheit gewarnt. Es mag politisches Kalkül gewesen sein, dass er in Bonn darauf verzichtete, diese Warnung zu

15 ck./bhr. [Günter Mick/Alfred Behr]: Wallmann lädt attackierten General ein. Brief an Paul Williams wegen des Vorfalls im Landtag / Empörung über Pfarrer Brückner, Frankfurter Allgemeine Zeitung (Rhein-Main-Zeitung), 6. August 1983, S. 33.

16 ban. [Günter Bannas]: Weiter Streit um das Wiesbadener Blut-Spektakel, Frankfurter Allgemeine Zeitung, 9. August 1983, S. 4.

17 bhr. [Alfred Behr]: Um die Grünen schlug Börner einen großen Bogen. Siebenstündige Redeschlacht setzte dem Zehnten Landtag ein Ende / Die Attacke auf einen General, Frankfurter Allgemeine Zeitung (Rhein-Main-Zeitung), S. 38.

18 ptn. [Bernd Heptner]: Die Grünen fühlen sich diffamiert. Würde des Parlaments «von Lengemann verletzt» / Der Blut-Anschlag, Frankfurter Allgemeine Zeitung, 9. August 1983, S. 4. Reinhard Brückner (1923–2015) war 1941 nach dem Abitur in die NSDAP eingetreten und wurde in der Entnazifizierung als Mitläufer eingestuft.

wiederholen. Die Bemerkung über die Orden fällt indes schon wegen ihrer syntaktischen Form aus jedem hypothetischen Zusammenhang taktischer Überlegungen heraus. Ein Einschub: Der Redner tat diese Äußerung ohne Not. Anscheinend glaubte er, dass er eine Selbstverständlichkeit aussprach.

Für Habermas war die Ordensbrust des Ehrengasts im Landtag zweifellos etwas Blutrünstiges. Das deckt sich aber mit dem, was die Grünen zum Beweis der symbolischen Schlüssigkeit der Aktion Blutzeichen vorbrachten, die er als undurchdacht abtat: Orden eines Generals seien «stets Auszeichnungen für Gewalt, Tod und Zerstörung», so dass Schwalba-Hoth die «blutige Gewalt» sichtbar machte, «die sich hinter glitzernden Orden versteckt».[19] Wofür war Williams ausgezeichnet worden? Auf seinem offiziellen fotografischen Porträt aus dem Jahr 1984 sind an der Bandschnalle die Abzeichen von elf Auszeichnungen befestigt.[20] Die oberste Reihe bilden die beiden höchsten von ihm erreichten Orden, die Army Distinguished Service Medal und die Legion of Merit, rechts unten schließen zwei Auszeichnungen fremder Staaten die Sammlung ab, die Service Medal der Republik Vietnam und das Bundesverdienstkreuz.[21] Keine der elf Auszeichnungen wird ausschließlich für persönliche Tapferkeit verliehen. Die fehlende Gelegenheit zur heroischen Bewährung wird durch ausgedehnte Erledigung der gewöhnlichen Dienstpflichten ersetzt. So zeigt das Brustmosaik der Ordensbänder, dass Williams sich in seiner Karriere so geschlagen hat, wie man es nach dem Dienstgrad erwarten darf, den er erreichte.[22] Im riesigen bürokratischen Apparat der Streitkräfte bringt das Ordenswesen das meritokratische Ideal der Organisation zur Anschauung. Pazifisten können ihr vorhalten, dass ihre gesamte Tätigkeit auf Gewalt, Tod und Zerstörung gerichtet sei. Mit der Qualifizierung der Ordensbrust als blutrünstig ging Habermas weiter: Er unterstellte, dass Lust am Blutvergießen der Grund sein müsse, den Beruf des Soldaten zu wählen. Wie soll man diese moralpsychologische Übersprungshandlung deuten?

In dem Artikel in der ZEIT, der als Eröffnungssalve des Historikerstreits intellektuell Epoche machte, beschuldigte Habermas 1986 die von ihm als Gegner ausgeguckten Zeithistoriker, «eine deutsch-national eingefärbte Natophilosophie» zu propagieren.[23]

19 F.A.Z., 9. August 1983, S. 4.

20 https://commons.wikimedia.org/wiki/File:PSWilliams-DA-SC-87-10846.jpeg (zuletzt besucht am 20. Juli 2022).

21 Die übrigen sieben: Air Medal, Army Commendation Medal, Army of Occupation Medal, National Defense Service Medal, Vietnam Service Medal, Army Service Ribbon und Army Overseas Service Ribbon.

22 1929 in Richmond, Virginia, geboren, studierte Williams Geschichte am Virginia Military Institute. Später erwarb er auch Magistergrade in Strategischen Studien und Betriebsführung. Seine erste Verwendung nach dem Abschluss der Offiziersausbildung führte ihn nach Deutschland. Einige Jahre nach dem Ende des Koreakriegs war er in Korea stationiert. 1958 wurde er als Assistenzprofessor für Militärwissenschaft nach Harvard abkommandiert. Im Vietnamkrieg diente er für einige Monate als Kommandeur eines Bataillons. Mehrfach wurde er in der Personalverwaltung eingesetzt. Er beendete seine Laufbahn 1986 als stellvertretender Vorsitzender des Militärausschusses der Nato in Brüssel.

23 Jürgen Habermas: Apologetische Tendenzen, in: ders.: Eine Art Schadensabwicklung. Kleine Politische Schriften VI, Frankfurt am Main 1987, S. 120–136, hier S. 135.

Das war nicht nur vor dem Hintergrund jüngster Kehren kurios, weil er gleichzeitig behauptete, gegen Ernst Nolte und dessen vermeintliche konservative Kameraden die Westbindung der Bundesrepublik zu verteidigen.[24] Gelegentlich hat Habermas durchaus den Anteil der «supranationalen Militärbündnisse» daran gewürdigt, dass die ehedem klassischen Nationalstaaten «auf dem Wege zu postnationalen Gesellschaften» seien.[25] Beinahe in der Manier Leopold von Rankes[26] hat er seine eigene intellektuelle Biographie aus ihren geopolitischen Umständen erklärt, der welthistorischen Tatsache der Besetzung Westdeutschlands durch die Amerikaner: «Mein politisches Denken zehrt nämlich seit dem 16. Lebensjahr, dank einer vernünftigen reeducation-policy der Besatzung, von den amerikanischen Idealen des späten 18. Jahrhunderts.»[27] Aber auf dem Höhepunkt der Entfremdung der deutschen Gesellschaft von der amerikanischen Militärstrategie in den Jahren nach dem Nato-Doppelbeschluss war Habermas nicht bereit anzuerkennen, dass Männer wie General Williams, der mit dem Philosophen den Geburtsjahrgang 1929 teilte, auch dadurch den Freiraum für das politische Denken der Westdeutschen sicherten, dass sie ihr Leben lang Kriege vorbereiteten.

Aus den bekannten Glaubwürdigkeitsproblemen der atomaren Abschreckung leitete Habermas die Hoffnung ab, dass die Abschaffung des Krieges «auf der Tagesordnung» stehe. Als unbedingtes Gebot stellte sich dieser «Imperativ» im Licht deutscher Erinnerungen aus der Zeit vor der Atombombe dar.[28] Habermas behauptete, dass eine Umwertung der Werte eingetreten sei: Der Kriegsdienst lasse sich nicht mehr so gut begründen wie die Kriegsdienstverweigerung.[29] Das Unheimliche an einer von deutschen Historikern formulierten «Natophilosophie» war, dass die Siegermächte von den Besiegten dazu gebracht werden sollten, an der Ideologie vom sittlichen Höchstwert des Opfers im Krieg festzuhalten, die durch die Jugenderfahrungen der Generation von Habermas ein für allemal diskreditiert sein musste. Die Einstufung des Soldatenberufs als Atavismus, das heißt als Wiederkehr eines in der sozialen Evolution schon überwundenen Verhaltenskodexes, überschätzt die Verallgemeinerbarkeit der deutschen Erfahrungen. Und aus der historischen Lektion dieses Pazifismus ergibt sich erst recht noch nicht, dass Berufssoldaten, die sie nicht

24 In diesem Sinne schon Eckhard Jesse: «Vergangenheitsbewältigung» in der Bundesrepublik Deutschland, in: Der Staat 26 (1987), S. 539–565, hier S. 560. Ebenso Jens Hacke: Kollektive Identität ohne Differenz und Repräsentation: Jürgen Habermas in der Diskussion, in: Jörg Baberowski (Hrsg.): Arbeit an der Geschichte. Wie viel Theorie braucht die Geschichtswissenschaft, Frankfurt/M. 2009, S. 79–100, hier S. 88.

25 Jürgen Habermas: Grenzen des Neohistorismus, in: ders.: Die nachholende Revolution. Kleine politische Schriften VII, Frankfurt/M. 1990, S. 147–155, hier S. 152.

26 Leopold von Ranke: Zur eigenen Lebensgeschichte. Hrsg. v. Alfred Dove, Leipzig 1890, S. 56.

27 Ein Interview über Krieg und Frieden, in: Jürgen Habermas: Der gespaltene Westen. Kleine politische Schriften X, Frankfurt/M. 2004, S. 85–112, hier S. 96.

28 Habermas: Grenzen des Neohistorismus, S. 155.

29 Ders.: Geschichtsbewusstsein und posttraditionale Identität, in: ders.: Eine Art Schadensabwicklung, S. 159–179, hier S. 169.

ziehen wollen und weiter nach Ehrungen für den Waffendienst streben, von Blutdurst motiviert sind. In Anmerkungen zu dem SPD-Gesinnungsethiker Erhard Eppler[30] stellte Habermas die bemerkenswerte These auf, dass die neuen sozialen Bewegungen in der Ablehnung einer Lebensform zusammenkämen, «die auf der Verdrängung von Angst und Todeserfahrung beruht».[31] In Umkehrung der Perspektive kann man fragen, was Habermas 1983 im Schulterschluss mit den hessischen Grünen verdrängte.

Von der innenpolitischen Entwicklung der Bundesrepublik sagte er damals, dass sie immer noch «unter dem Trauma» von 1933 stehe, Trauma schulmäßig mit Freud verstanden als «eine Verletzung, die so schmerzlich ist, dass sie verdrängt werden muss», und «den psychischen Apparat nachhaltig» beschädigt; «bei symptomatischen Anlässen löst es immer wieder Gefühlsstöße aus und verwirrt die Sinne».[32] Am 29. April 2022 veröffentlichte Habermas in der *Süddeutschen Zeitung* einen Aufsatz, mit dem er Bundeskanzler Scholz in dessen erklärtem Bestreben zur Seite sprang, die Optionen deutscher Reaktionen auf den Krieg Russlands gegen die Ukraine mit Bedacht abzuwägen.[33] Der Frankfurter Politikwissenschaftler Cord Schmelzle nahm in der F.A.Z. eine seltsame Fehlleistung von Habermas unter die Lupe: Dieser hatte seinen Aufsatz mit der Feststellung begonnen, dass eine Ära von «77 Jahren ohne Krieg» zu Ende gegangen sei, obwohl er sich 1999 selbst an der Legitimierung der deutschen Mitwirkung am Jugoslawienkrieg der Nato beteiligt hatte. Schmelzle identifizierte als Prämisse des Aufsatzes von 2022 die «Sorge, dass Deutschland nicht nur Kriegspartei, sondern auch Kriegsopfer werden könnte».[34] Im Historikerstreit stellte Habermas sich auf den Boden der Rede Richard von Weizsäckers am 8. Mai 1985,[35] indem er «die politische Moral» des «Gemeinwesens» mit der Erinnerung an die «Befreiung durch alliierte Truppen ohne eigenes Zutun» verknüpfte.[36] Dass nicht nur 1933 ein Trauma war, sondern auch 1945, die verdrängte Niederlage: Darauf könnte hindeuten, dass Jürgen Habermas sich 1983 seinen atlantischen Jahrgangsgenossen, den hochdekorierten amerikanischen Offizier nur als Mordgesellen vorstellen konnte. Das war der wahre Atavismus in der denkwürdigen Kontroverse über den Blutspritzer von Wiesbaden.

30 Erhard Eppler: Die tödliche Utopie der Sicherheit. Argumente für den Frieden, Reinbek 1983.

31 Habermas: Ziviler Ungehorsam: Testfall für den demokratischen Rechtsstaat, S. 95.

32 Ders.: Recht und Gewalt – ein deutsches Trauma, in: ders.: Die neue Unübersichtlichkeit, S. 98–118, hier S. 105.

33 Ders.: Krieg und Empörung, Süddeutsche Zeitung, 29. April 2022, S. 12 f.

34 Cord Schmelzle: Faktizität und Vergeltung, Frankfurter Allgemeine Zeitung, 4. Mai 2022, S. N3.

35 Siehe Stefan Müller-Doohm: Jürgen Habermas. Eine Biographie, Berlin 2014, S. 353 f.

36 Habermas: Vom öffentlichen Gebrauch der Historie, in: ders., Eine Art Schadensabwicklung, S. 137–148, hier S. 148.

Benno Zabel

Der politische Ernst der Ironie

1 Friedrich Nietzsche: Genealogie der Moral, München 1999, S. 364–365.

Wollen wir unser Leben nicht völlig missverstehen, heißt es in der *Genealogie der Moral*, dann sollten wir uns von einer Erkenntnis an sich verabschieden und viel eher auf ein perspektivisches Sehen, ein perspektivisches Erkennen setzen.[1] Nun mag man Nietzsches Perspektivismus als ein Durchkreuzen bornierter Sehgewohnheiten oder ganz im Gegenteil als einen etwas zu lässigen Relativismus auffassen. In der Ironie wiederum finden diese Schwingungen ihre ganz eigenen Echoräume. Ironie, so heißt es, mobilisiert das Spiel mit den Idiosynkrasien des Alltags, mit dem Zeitgeist und mit der Exzentrik der «schönen Seele» (Hegel). Aber was passiert eigentlich, wenn Ironie auf Politik stößt, wenn sich besagte Echoräume in ironiefreie Zonen verwandeln? Der Krieg in der Ukraine markiert wie kaum ein anderes Ereignis der Gegenwart die Irritationen und Perspektivenverschiebungen, die hierbei entstehen. Der Ironie des Westens verschlägt es reflexhaft die Sprache – nur der hohe Ton, die Sprachen des Ernstes, so scheint es, wird der Dramatik des Krieges gerecht –, um sich in Gestalt eines Präsidenten, der die Rolle des Populisten und Befreiungskriegers idealtypisch in sich vereint, ein neues Medium zu suchen. «Ich brauche keine Mitfahrgelegenheit, ich brauche Waffen.» (Selenskiyj) Die Ironie der Politik wird zur Politik der Ironie, und umgekehrt. In dem Maße, wie der Komiker die bizarre Netflix-Welt hinter sich lässt und als Staatsmann zum uniformierten Diener seines Volkes mutiert, in dem Maße wird er zur Projektionsfläche liberaler Gesellschaften, die zwar unentwegt die Überlegenheit des Demokratischen feiern, die aber in dessen Schatten auch die Trumps, Salvinis, Orbans und Bolsonaros hervorbringen.

Nur was sagt diese ironische Perspektivenverschiebung über unser Verhältnis zur Politik und zu den unverkennbaren Krisen moderner Lebenswelten? Bezeichnet Ironie wirklich nur die ästhetische Lockerungsübung, das intellektuelle Sublimierungsbedürfnis, die notwendig erscheinen, um die Angst- und Entfremdungserfahrungen der Moderne irgendwie auf Distanz zu halten? Wir dürfen daran zweifeln, jedenfalls dann, wenn wir das gängige Ironie-Verständnis dezentrieren, wenn wir dem ironieeigenen Differenzdenken, der Sensibilität für die Kontingenzen, Paradoxien, für die Zerrissenheit der Lebens- und Gesellschaftsentwürfe eine originäre politische Dimension (und politische Sprengkraft) attestieren. Wenn wir das tun, dann ist es aber unerlässlich, auch die ironische Perspektive zu perspektivieren: Ironie artikuliert so keineswegs den einfachen Gegensatz von Exzentrik und Politik und erschöpft sich ebenso wenig im Konzept einer politischen Romantik. Wir verstehen Ironie womöglich besser, wenn wir sie als Haltung betrachten, die exzentrische und politische Existenzweise in einem Kraftfeld verortet, die sie als zwei Seiten einer Medaille ansieht, und die daher in der Performanz des Handelns und Urteilens auch als notorische Kippfigur und zeitdiagnostische Sonde wirksam wird. Warum es sich lohnt, diese Sicht der Dinge zu verteidigen, und warum sie in Kontrast zum gängigen Ironie-Diskurs steht, will der folgende Essay diskutieren.

Das romantische Missverständnis

Setzen wir noch einmal an und bringen es auf den Punkt: Ironie erschöpft sich gerade nicht in der spielerischen Haltung, in der rhetorischen Geste. Sie konturiert nicht nur ein ästhetisches Moment, das dem Leben eine eigensinnige Seite abzuringen sucht. Ironie ist mehr, nämlich in einem eminenten Sinne politisch. Dieser politische Anteil gerät jedoch leicht in Vergessenheit, wenn Ironie zur ubiquitären Kommunikationsform liberaler Lebenswelten avanciert, zu einer rituell-kollektiven Orgie, wie Diedrich Diederichsen bereits Ende der neunziger Jahre konstatierte.[2] Dass wir bis in die Gegenwart – wenn auch mit Höhen und Tiefen – diese Orgien erleben, hat auch mit der weit verbreiteten Vorstellung zu tun, Kerngeschäft der Ironie sei es, den romantischen und ästhetischen Impuls fragiler Lebensentwürfe am Laufen zu halten. Nun sollte das nicht als ein Label missverstanden werden, das den Entwürfen der Menschen einfach nur angeheftet wird. Denn immer geht es auch um vielfältige Interventionen im Vollzug exzentrischer Lebensentwürfe, also im Vollzug dessen, was wir Subjektivierung nennen können. Das Subjekt muss die Möglichkeit haben, sich auch noch die verrückteste Welt anzuverwandeln, und sei es um den Preis einer radikalen Entpolitisierung des eigenen Lebensentwurfs.

Dass es *den* Ironie-Diskurs nicht gibt, ist allerdings ebenso tri-

2 Diedrich Diederichsen: Was ist Pop¿, Köln 1999.

vial wie offensichtlich. Nimmt man den Diskurs als das was er ist, dann zeigt sich, dass die Ironie-Semantik mehrdeutig, ja geradezu schillernd ist, dass sie mit vielfältigen Interessen verknüpft wird und scheinbar gegensätzliche Positionen verbinden kann. Ironie kennt die Pluralität der Perspektiven ebenso wie das Idiosynkratische des subjektiven Urteils. Gerade auch deshalb hat Karl Heinz Bohrer wie kaum ein zweiter versucht, Profil und Potential der Ironie sichtbar zu machen und ihr auf diese Weise einen angemessenen Platz im Register kritischer Gegenwartsdiagnostik zu sichern.[3] Bohrer geht es nicht um die Differenzen als solche (denn welche sollten das sein?), nicht um eine theatrale Attitüde. Doch heißt das keineswegs, dass nicht die offene Konfrontation gesucht werden soll, um einer hegemonialen Freiheitserzählung der Moderne entgegenzutreten, die, so Bohrer, die Ironie als «Sprach- und Bewusstseinszone» weitgehend zum Verschwinden gebracht habe.[4] Bohrer ist hier einmal mehr radikal und kompromisslos. Nur sollten wir wenigstens darauf hinweisen, dass schon dieser Verteidigung der Ironie das Politische eingeschrieben ist.

Aber was ist die hegemoniale Erzählung? Folgt man Bohrer, dann entsteht diese Erzählung als Polaritätserklärung am Beginn des 19. Jahrhunderts, in dem Ernst und Scherz, Pathos und Exzentrik in einen unversöhnlichen Gegensatz geraten, in dem schließlich die ironische Spielart des Geistes vom Ernst-Diskurs geradezu überwältigt wird. Damit jedoch setze «eine moralistische Neuformulierung des kulturellen Systems nach dem Zusammenbruch des Ancien Regime und Eintritt der revolutionären Idee im Zeichen von Tugend und Egalitätsprinzip» ein.[5] Dass es einen politischen Ernst der Ironie geben könnte, kommt Bohrer überhaupt nicht in den Sinn. Bohrers Pointe besteht hingegen darin, die revolutionäre Gründung der Moderne und das hierbei mobilisierte Freiheitsideal selbst als ein Krisenszenario zu lesen (allerdings bei weitem aufklärungskritischer als Horkheimer/Adorno in der *Dialektik der Aufklärung*). Dass Friedrich Schlegel – zuweilen auch Johann Georg Hamann – in diesem Krisenszenario zu zentralen Referenzen werden, ist kaum verwunderlich. Wenn man so will avancieren beide zu Konterrevolutionären der romantischen Sache. Aber das ist eben nur die eine Seite der Ge-

3 Karl Heinz Bohrer: Sprachen der Ironie – Sprachen des Ernstes, in: Merkur 1993 (47. Jahrgang), Heft 533, S. 651–665.

4 Ebd., S. 651.

5 Ebd.

schichte. Ironie war nie nur eine Sache der Romantiker und ihrer Einkapselungsversuche, sondern gehört von Beginn an zum Diskurs- und Resonanzraum der politischen sensibilisierten Moderne, wie wir an Heinrich Heine nur allzu gut erkennen können.

Im Zentrum der Debatte stehen indes Schlegel und sein Versuch, die Grenzen der Sprachkonventionen, der wissenschaftlichen Disziplinen, Literatur, Philosophie und Ästhetik, und der politischen Semantik zu überschreiten, um im kulturellen System der *postrevolutionären* Epoche die Ausdrucksformen exzentrischer Subjektivität zu behaupten. Schlegel selbst: «Daß ich die Kunst für den Kern der Menschheit und die Französische Revolution für eine vortreffliche Allegorie auf das System des transzendentalen Idealismus halte, ist allerdings nur eine von meinen äußerst subjektiven Ansichten.»[6] Zugleich folgt daraus eine politische Programmatik. Denn weil es diesen Kern der Menschheit zu achten gilt, komme es darauf an, «den Gang und die Gesetze der vernünftig denkenden Vernunft aufzuheben und uns wieder in die schöne Verwirrung der Phantasie, in das ursprüngliche Chaos der menschlichen Natur zu versetzen».[7] Ironie ist hier kein Selbstzweck, sie stört einen allzu selbstsicheren Konsens und dekonstruiert auch deshalb die hermetisierenden Gesten eines ironiefreien Ernstes. Im *Athenäum-Fragment* 108 heißt es dann:

«Die Sokratische Ironie ist die einzige durchaus unwillkürliche, und doch durchaus besonnene Verstellung [...]. In ihr soll alles Scherz und alles Ernst sein, alles treuherzig offen, und alles tief verstellt. [...]. Sie enthält und erregt ein Gefühl von dem unauflöslichen Widerstreit des Unbedingten und des Bedingten, der Unmöglichkeit und Notwendigkeit einer vollständigen Mitteilung. Sie ist die freieste aller Lizenzen, denn durch sie setzt man sich über sich selbst weg; und doch auch die gesetzlichste, denn sie ist unbedingt notwendig. Es ist ein sehr gutes Zeichen, wenn die harmonisch Platten gar nicht wissen, wie sie diese stete Selbstparodie zu nehmen haben, immer wieder von neuem glauben und mißglauben, bis sie schwindlicht werden, den Scherz grade für Ernst, und den Ernst für Scherz halten.»[8]

Diese zum Teil ins Performative gewendete Programmatik Schlegels markiert vor allem die Eigenwilligkeit und das – in

6 Friedrich Schlegel: Athenäum. Fragmente, in: ders.: Kritische-Friedrich-Schlegel-Ausgabe (KFSA), 1. Abt., Bd. 2. Hrsg. von Ernst Behler, Paderborn 1967, S. 366.

7 Ders.: Gespräch über die Poesie, in: ebd., S. 284–351, hier: S. 319.

8 Ders.: Athenäum. Fragmente, in: ebd., S. 160.

mehrfacher Hinsicht zu sehende – Überschreitungsinteresse des romantischen Ironie-Projekts. Kunst und Ironie als Kommunikationsformen des Menschlichen beharren auf einer Sehnsucht nach dem Paradoxen, nach dem Witz in der Philosophie, nach der Freundschaft und Liebe im je individuellen oder gesellschaftlichen Leben. Für Schlegel kann sich das nicht im Ernst-Diskurs einer hegemonialen Vernunft verwirklichen, wie er ihn bei Fichte, Schelling oder Hegel am Werk sieht. Ironisches Bewusstsein vollzieht sich vielmehr im permanenten Wandel und, so die immer wieder zitierte Formulierung, im «steten Wechsel von Selbstschöpfung und Selbstzerstörung».[9]

Dem Ironie-Diskurs, wie er jedenfalls von Schlegel initiiert wird, ist mit dem ironischen Bewusstsein eine unübersehbare Kippfigur eingeschrieben: Ernst und Spiel, Reflexion und Phantasie, Vernunft und Poesie oder eben Selbstschöpfung und Selbstzerstörung sind gleichzeitig Gegensatzpaare und Komplementärformen der menschlichen Lebensform. Sie bezeichnen den Widerspruch, die Differenz und die Einheit als Prozess. Es ist klar, worauf das zielt: Das dominante Denkkostüm, die «monotheistische Semantik des Idealismus» (Bohrer), die Begriffe und Systeme sollen von innen aufgesprengt, die geschiedenen Sphären des Moralischen, Ästhetischen, Politischen zu einer neuen Mythologie verdichtet werden, einer Mythologie, in der auch das «bunte Gewimmel der Götter» wieder seinen Platz hat.[10] Vor allem aber geht es für Schlegel wie für Bohrer darum, dem Geist-Ernst Hegels und dem triumphierenden Sprachstil dieser Philosophie die Neugier und den Witz der Einbildungskraft entgegenzusetzen, kurz, im Denken und Urteilen widerständig zu sein. Das ironische Bewusstsein repräsentiert damit ein Dreifaches: die Krise und die Kritik der entzauberten Moderne und zugleich das Versprechen, dem Leben des Subjekts im Medium der Kunst, der Sprache und der Poesie zu einer neuen Wirklichkeit zu verhelfen.

Ironie, Gerechtigkeit und das gute Leben

Halten wir kurz inne und rekapitulieren. Das ironische Bewusstsein ist nichts anderes als der Versuch, die beständig drohende Zerrissenheit und Entfremdung in einem Akt individueller Selbstverwirklichung zu transzendieren und, im Gegenzug, das stahl-

9 Ebd., Nr. 51, S. 172.

10 Ders.: Gespräch über die Poesie, in: ebd., S. 319.

harte Gehäuse in ein Refugium selbstbestimmter, subjektiv verantworteter Freiheit zu verwandeln. Es ist der Versuch, Ästhetik und Rhetorik mit einer Ethik des Selbstinteresses zu verschmelzen. Dieses Arrangement des ironischen Bewusstseins – darin liegt die Bedeutung für einen postmetaphysischen Liberalismus – kultiviert den Vorrang subjektiv verantworteter Freiheit gegenüber der politischen, der Exzentrik gegenüber der Bejahung reflektierter Entzweiung. Das ironische Bewusstsein findet sich damit ab, dass die Frage nach dem guten gelingenden Leben keine gesellschaftsübergreifende Frage mehr ist. Gesellschaftsübergreifend ist – wenn überhaupt – noch der Anspruch, gerechte Verhältnisse jedenfalls anzustreben. Dass wir diesen Gerechtigkeitsimpuls der Ironie nicht vernachlässigen sollten, ja gar nicht können, bedarf keiner größeren Erläuterung. Die Emanzipationsgeschichte der Moderne beruht zu großen Teilen darauf, dass gerechte und gleiche Status erkämpft wurden und immer wieder erkämpft werden müssen.[11] Aber dieser Gerechtigkeitshorizont darf nicht darüber hinwegtäuschen, dass er seinen Grund in einer Praxis der Selbstverwirklichung hat, die sich vor allem aus der authentischen Bezugnahme auf das je individuelle Leben, auf die je eigenen Interessen speist. Weil das aber so ist, gerät das ironische Bewusstsein in die Gefahr, vor lauter Emphatisierung der Existenz zu vergessen, dass jede menschliche Freiheit Abhängigkeit bedeutet, Abhängigkeit von einer geteilten und wenn auch prekären Lebenswelt. Der Ironie-Diskurs verdrängt damit nicht nur die eigene politische Agenda. Er schlittert auch selbst, wie bei Bohrer, in eine polarisierende Haltung hinein, die die Komplementarität der Begriffe, Witz und Einbildungskraft hier, Spontaneität und Urteilskraft dort, nicht mehr zur Kenntnis nimmt. Menschliche Freiheit ist nichts Gegebenes, sondern gemacht, sie ist das Resultat gemeinsamen Wissens und Handelns. Dagegen auf der Emphatisierung der Existenz zu beharren, sie aber im gleichen Augenblick zum Opponenten einer nicht emphatisierbaren Lebenswelt zu stilisieren, inthronisiert ein Individuum, das sich nur noch in sich selber spiegelt und darin die höchste Freiheit erkennt.

Dass der ironische Diskurs bis heute mit unverkennbarer Gereiztheit auf die Einlassung Hegels reagiert, mag verschiedene Gründe haben. An erster Stelle steht sicherlich der Verdacht, dass

11 Hannah Arendt: «Es gibt nur ein einziges Menschenrecht», in: Die Wandlung 4 (1949), S. 754–770.

er in einem blinden Furor gegen politische Gegenspieler restaurativer und klerikaler Observanz zu Felde zieht, namentlich gegen Clemens Brentano. Ein Grund könnte aber auch darin bestehen, dass Hegel – hier als brillanter Analytiker der Ironie – die Krise der Moderne als Krise des ironischen Bewusstseins identifiziert. Denn die Ironie in der Lesart Schlegels, Hamanns und anderer gibt eben nur vor, sich allein auf Fragen der ästhetischen Existenz, der Phantasie oder der Poesie zu kaprizieren. In Wahrheit, so Hegel, handelt es sich um eine Attitüde, um ein selbstgerechtes Urteil des Subjekts, das die lebensweltliche Vernunft nur dann anerkennt, insofern sie dem einzelnen guten Leben nicht entgegensteht. Die Distanz, die das ironische Bewusstsein zelebriert, verdeckt einerseits, dass es die ästhetische Existenz ohne diese bestenfalls belächelte Lebenswelt gar nicht gäbe. Und sie zeigt für Hegel das ganze Selbstmissverständnis, wenn andererseits die je einzelne Individualität überhaupt als das Maß aller Dinge genommen wird. Einer Vorstellung anzuhängen, wonach der Einzelne im Stande ist, die Inhalte und Bewertungen des Lebensvollzuges allein bestimmen zu können, indem er glaubt, sich damit vom Sittlichen wie Politischen gleichermaßen dispensieren zu können, ist entweder töricht, selbstgerecht oder wahlweise böse.[12] Hegels Persiflage auf die romantische Vorstellung ironischer Urteilskraft lässt dann an Deutlichkeit auch nichts zu wünschen übrig.

«Ihr nehmt ein Gesetz in der Tat und ehrlicherweise als an und für sich seiend, Ich bin auch dabei und darin, aber auch noch weiter als Ihr, ich bin auch darüber hinaus und kann es so oder so machen. Nicht die Sache ist das Vortreffliche, sondern Ich bin der Vortreffliche, und bin der Meister über das Gesetz und die Sache, der damit, als mit seinem Belieben, nur spielt, und in diesem ironischen Bewußtsein, in welchem Ich das Höchste untergehen lasse, nur mich genieße.»[13]

Die Politik der Ironie

Die Kritik Hegels an einem ironischen Bewusstsein, das sich vermeintlich spielerisch souverän von allen lebensweltlichen Bindungen löst und gerade dadurch seine Souveränität preisgibt, wird nur dann plausibel, wenn man die Pointe mitliest: Es ist ein

12 Georg Wilhelm Friedrich Hegel: Grundlinien der Philosophie des Rechts oder Naturrecht und Staatswissenschaft im Grundrisse, GW 14.1., Hamburg 2009, § 140.

13 Ebd.

Irrtum zu meinen, so Hegel, dass wir uns nur im Modus des natürlichen Individuums oder des endlichen Subjekts verstehen könnten (mit den je eigenen Interessen, Bedürfnissen und Erwartungen), ohne uns im gleichen Atemzug auch als unendliche, die Unmittelbarkeit transzendierende Person zu sehen, als das *zoon logon echon* des Aristoteles. Die Ethik der Person widerspricht der Eitelkeit der schönen Seele.[14] Diese Metaphysik des freien Subjekts und der Person hat indes schon Friedrich Nietzsche nicht mehr überzeugt, noch weniger den liberalen Ironiker Richard Rorty. Rorty will die Romantik und das romantische Freiheitsspiel «von den letzten Resten des deutschen Idealismus reinigen»,[15] um das ironische Bewusstsein mit den Lebensformen der liberalen und demokratischen Moderne in Einklang zu bringen. Rorty ist damit tatsächlich dem auf der Spur, was wir eingangs die ironische Perspektivenverschiebung genannt haben. Ironie ist nicht das Andere der Politik.

Rortys diesbezüglicher Vorschlag – und nur dieser ist hier von Interesse – ist folgender: Wir sollten uns für einen unverkrampften, ja leichtfertigen Umgang mit unserem Lebenswissen und unseren Überzeugungen stark machen. Dazu gehört vor allem, dass wir die Vernunftideologie abbauen: Vorrang der Philosophie vor der Politik, Vorrang der Metaphysik vor der Kontingenz, Vorrang des Erhabenen vor dem Schönen etc. Gleichzeitig sollten wir die Möglichkeiten prüfen, die uns jene Leichtfertigkeit eröffnet: nämlich zum einen die Verabschiedung eines neurotischen Universalismus- und Wahrheitsdogmatismus, zum anderen – ganz pragmatisch – die Anerkennung eines umfassenden Lebensstil-Pluralismus. In dem Maße, in dem wir einsehen, dass Wissens- und Wahrheitsansprüche plural und kontingent sind, können wir auch akzeptieren, dass sie privatisiert werden müssen. Alles andere liefe für Rorty auf einen zersetzenden Fundamentalismus hinaus – das heißt auf den Gegenpart zur Ironie. Das ironische Bewusstsein lebt, so Rorty, von einer Entdramatisierung der Freiheitsverhältnisse, die sich in einer strikten Trennung von privaten und öffentlichen Angelegenheiten niederschlagen muss. Diese Trennung der Angelegenheiten forciert nun keinen neuen «Verhängniszusammenhang». Sie sichert ganz im Gegenteil die Eigenständigkeit individueller Selbstverwirkli-

14 Hegel: Grundlinien, § 140 mit Verweis auf die Phänomenologie des Geistes, GW, Bd. 9, 1980, dort unter dem Rubrum: Das Gewissen. Die schöne Seele, das Böse und seine Verzeihung.

15 Richard Rorty: Ironie, Kontingenz, Solidarität, Frankfurt/M. 1989, S. 203.

chung und die demokratische Entschiedenheit öffentlichen und politischen Handelns.[16] Für Rorty ist es genau diese Trennung des Privaten und Öffentlichen, von selbstverwirklichter Lebensform und realpolitischem Ernst, die reflektiert, dass unsere Sprache, unser Bewusstsein und unsere Gemeinschaft letztlich Resultate von Zeit und Zufall sind.

Aber ist das so? Die Kontingenz- und Krisenerfahrungen der Moderne könnten Rortys skeptischen Pragmatismus grundsätzlich Recht geben. Andererseits signalisiert dessen Ironisierung der Freiheit auch ein Grundparadox des zeitgenössischen Liberalismus. Geht doch mit den durch die Trennung versprochenen individuellen Lebensformen eine Verselbständigung partizipativer oder solidarischer Infrastrukturen einher. Insofern gibt es keine notwendige Verbindung mehr, allenfalls eine kontingente. Freilich hatte schon Georg Simmel gesehen, dass sich aus den unendlichen Möglichkeiten liberaler Lebensformen eine Form der Selbstvergessenheit, ja sogar des spielerischen Exzesses ergeben kann[17] – nennen wir es einen Overkill oder wie Diedrich Diederichsen eine Orgie der Ironie. Damit noch nicht genug: Der Wunsch nach Exzentrik, Selbstvergessenheit und Exzess lässt die Gründe für ein solidarisches Miteinander nicht nur gleichgültig werden, er stellt sie auch in Frage. Hier bemerken wir sie wieder, die Kippfigur, die uns daran erinnert, dass das ironische Bewusstsein beides sein kann, die Verwirklichung und das Scheitern der Freiheit.

Ein Bewusstsein von dem, was fehlt

Nun könnte man zwar sagen, es ist ein Scheitern auf hohem Niveau. Nur wäre das selbst nicht mehr als eine bornierte Attitüde. Denn dass der politische Liberalismus auch ein Projekt gelungener Freiheitsverwirklichung ist (oder sein kann), ist kaum zu bestreiten. Aber wenn die Ironie in dieser Lesart vor allem die Paradoxien und die Krise der Moderne nachvollzieht, wie sähe dann ein ironisches Bewusstsein aus, das nicht im Entweder-Oder vermeintlich inkommensurabler Welten mediatisiert wird? Nehmen wir den entscheidenden Punkt vorweg: Ein ironisches Bewusstsein, das sich nicht mit der Statistenrolle der Exzentrikerin begnügt, ist ein Bewusstsein des Dazwischen, der beweglichen

16 Ebd., S. 150 ff.

17 Georg Simmel: Philosophie des Geldes, GA Bd. 6, Frankfurt/M.1989, S. 334ff.

Lebensformen, der gelebten Differenz. Ironisches Bewusstsein steht nicht allein auf Seiten des Privaten und ist auch nicht das Andere der öffentlichen Sphäre. Ironisches Bewusstsein ist eine Praktik der Selbstverwirklichung – der offenen Distanz – in Abhängigkeit zur gemeinsam geteilten Lebenswelt. Es ist politisch und unpolitisch zugleich. Dieses in verschiedenen und zwischen-den-Welten-Sein ist ohne einen anarchisch-subversiven Impuls kaum denkbar. Aber bevor nun alle Anarchie-Skeptiker zusammenzucken: Gemeint ist kein gewalttätiges Aufkündigen oder Zerstören der bestehenden Lebensverhältnisse. Gemeint ist eher ein Bewusstsein für das, was fehlt, für die Vorläufigkeit des Erreichten, für das Skandalöse und für die Brüchigkeit heutiger Lebensverhältnisse. Die Gegenwart bietet hierfür reichlich Anschauungsmaterial. Gerade der Ukraine-Krieg lehrt uns, dass Ironie als politische Ironie auch dann nicht verstummen darf: Denn das Insistieren auf der gelebten Differenz als politischer Haltung macht es erst möglich, uns als verantwortliche Subjekte in einer verantwortlichen Gesellschaft (des Westens) zu sehen und damit auf einer Solidarität mit dem Verteidigungskampf der Ukraine zu beharren. Der Impuls, die je eigenen Kraftzentren, die Abhängigkeiten und die Wechselwirkungen der Welten – im Kleinen und im Großen – anzuerkennen, verweist nicht nur auf eine politische Urteilskraft. Er zeigt auch, dass uns das politische ironische Bewusstsein eine Vorstellung davon vermitteln kann, was und wie wir als freie Subjekte sein, welche unterschiedlichen Perspektiven wir einnehmen und durchhalten können. Keine Rede von Solidarität kommt an dieser Einsicht vorbei.

«Morgen erwarten wir Stahlgewitter»

Ein Gespräch mit Harald Schmidt

Abb. 1
«Entweder ich werde berüchtigt – oder berühmt.» Die Legende zur Legende: Harald Schmidt mit modernem Gestenspiel. Ein Original-Porträt von Wolfgang Beltracchi im Stil von Otto Dix mit altmeisterlicher Lasurtechnik, 2014.

«Leo, hier bringe ich die Zukunft» – flötete Fred Kogel erst Leo Kirch ins Ohr und kurz darauf der Presse, als er Harald Schmidt und Thomas Gottschalk als die neuen SAT1-Zugpferde 1995 im Waldhaus Schildhorn im Grunewald vorstellte. Ein gutes Vierteljahrhundert später kommt die Late-Night-Legende an einem Freitag im April in die Redaktion der ZIG. Über kleinere Umwege, einen imposanten Kranz auf der Beerdigungsfeier von Leo Kirch («Letzter Gruss. Leni Riefenstahl Productions») und andere Haudegen, steuert das Gespräch schnell auf die Rolle des Tratsches in der Ideengeschichte. Die Zeitung vermeldet am Tag des Besuches: Die Kanzlerin a.D. flaniert mit Horst Bredekamp durch den Parco di Boboli. Boris Becker wird vom High Court in London in vier von 24 Anklagepunkten schuldig gesprochen. Sigmar Gabriel ist der neue Aufsichtsratsvorsitzende von Thyssen Krupp Steel. Und in der Primetime ist die Uhr stehen geblieben. Im «Ersten» läuft «Praxis mit Meerblick – Was wirklich zählt». Im «Zweiten» ermittelt der «Alte». Es ist Tag 44 im Krieg Russlands mit der Ukraine.

«Nichts wird mehr so sein wie zuvor» – konnte man überall nach dem Anschlag auf die Twin Towers am 11. September 2001 lesen. Sie taten damals werktags jeden Abend mit der «Harald Schmidt Show» Dienst an der Front der Unterhaltungsindustrie.

Genau genommen war ich im Heimaturlaub. Denn wir haben ja zwei Wochen nach dem Anschlag keine Sendung gemacht. Bei den Amerikanern war die Situation eindeutig. Da hat die Band nicht gespielt zum Intro. Da kam die amerikanische Flagge. Die Elite der amerikanischen Nachrichtensprecher saß bei Letterman zu Gast und hat geweint. Das wäre bei uns nicht möglich gewesen. Ich hätte nicht eine Sendung mit der deutschen Fahne anfangen können – und dann kommt Uli Wickert und weint.

In der ersten Sendung nach dem Moratorium kommen Sie auch auf die Rede von Putin zu sprechen, die er am Tag der Wiederaufnahme Ihrer Show vor dem Deutschen Bundestag gehalten hat – die Camouflage des großen Diktators, der Kreide gefressen hat. Wäre eine Schmidt-Show in den etablierten Formen auch zwei Wochen nach dem Angriff auf die Ukraine möglich gewesen?
Da liefern Sie mir einen sehr eleganten Ball ans Netz. Ich habe ja von unserer früheren Kanzlerin, Frau Dr. Angela Merkel, gelernt. Es ist wenig hilfreich, hypothetische Fragen zu beantworten. Ich lerne ja permanent von den Besten. In Interviews beobachte ich oft, dass Leute sich zu Sachen weit außerhalb ihrer eigenen Kompetenz äußern. Da halte ich es mit dem seligen Colin Powell auf die Frage, was sagen Sie dazu, dass Joschka Fischer früher Steine geschmissen hat. «Amazing, isn't it.»

Der komödiantische Nachwuchs, der zum Teil in Ihrer Show rekrutiert wurde – die Böhmermanns, die heute so alt sind wie Sie zur Hochzeit Ihrer Late Night Show –, hat ziemlich schnell von der Sprache der Ironie in die Sprache des Ernstes umgeschaltet. Als Klaas Heufer Umlauf mit seiner eigenen Sendung im März aus der Winterpause kam, hatte er gleich Wladimir Klitschko zu Gast zum Kriegstalk.
Da wird der jüngere Kollege selbst entscheiden, ob er im Thema zu Hause ist. Ich bin kein Militärstratege. Ich bin Fernsehzuschauer und Zeitungsleser. Und aus dieser Perspektive beobachte ich die Geschehnisse. Man hört ja immer wieder, dass in der Zeitenwende Zynismus nicht mehr angesagt ist. Komisch. Ich lese heute immer wieder sachgemäße Beschreibungen, die mit der Wendung – «Es mag zynisch klingen» – eingeleitet werden. «Valerie Haller: Wie reagiert denn die Börse? Es mag zynisch klingen, aber die Waffenhersteller-Aktien sind heute stark nach oben gegangen.» Eigentlich kann man ja nur sagen, der Börse ist das realwirtschaftliche Geschehen weitgehend wurscht.

Der Krieg ist bei uns auch ein intellektuelles Wiederaufbauprogramm für alte Männer mit Kalter-Krieg-Expertise. Es sind letzte Knappen aus dem Kabinett von Leutnant Helmut Schmidt – Klaus von Dohnanyi, Gerhart Baum –, die bei «Lanz» oder «Maischberger» als Globalstrategen aufgefahren werden.

Opa erzählt vom Krieg – ist plötzlich wieder das Gebot der Stunde. Da flackern nicht nur bei Agnes Strack-Zimmermann die Pupillen, wenn die alten NATO-Generäle in den Talkshows mit Begriffen wie «Kollateralschaden», «Häuserkampf», «schmutzige Bombe» hantieren. In einem ausgekühlten Ton, wie der Trainerfuchs an der Taktiktafel über den «abkippenden Sechser» oder den «falschen Neuner» doziert. Die wissen ja auch, wovon sie reden. Ich habe mir jetzt auch noch mal die alten Videos von Peter Scholl-Latour angeschaut. Er hat den Abzug der Amerikaner aus Afghanistan vorausgesagt. Sensationell.

Wenn man sich Ihre Sendung vom 25. September 2001 noch mal auf YouTube anschaut, springen einen Sätze zur aktuellen NATO-Doktrin von gespenstischer Aktualität an. An einer Stelle konstatieren Sie spielerisch erstaunt die allerneueste realpolitische Fundamentaleinsicht. «Es gibt jetzt die NATO – in echt.»
War es Präsident Macron, der gesagt hat, die NATO sei hirntot? Jetzt stellt sich medizinisch gesehen heraus: Fehldiagnose. Und alle können buchstabieren, dass es nach Paragraph 5 Beistandspflicht gibt für NATO-Mitglieder. Ich selbst könnte aber gar nicht alle Mitglieder aufzählen …

Dafür hat man Assistenten. In der Show examinieren Sie dazu Ihren Sidekick Manuel Andrack.
Ich hätte vor kurzem nicht auf Anhieb sagen können, ob Österreich NATO-Mitglied ist. Es ist keins! Bei den skandinavischen Ländern bin mir auch nie so hundertprozentig sicher. Ich weiß auch nicht genau, wer in der EU ist – und wer von denen, die in der EU sind, den Euro haben oder die eigene Währung beibehalten haben. Aber das sind so Details auf der Arbeitsebene. Andrack hat einen guten Job gemacht, wie Dr. Kohl sagen würde. Ist Rumänien eigentlich in der Nato?

Da müssten wir Andrack fragen. Ich denke schon …
Sind Sie sicher? Ich glaube, dass viele weltpolitische Entscheidungen auf so einem Informationsstand getroffen werden. Es gab ja auch einige US-Präsidenten, die nicht in der Lage waren, Slowenien und die Slowakei zu unterscheiden.

In gewissen Zirkeln gab es in den achtziger Jahren kein schlimmeres Schimpfwort als – «NATO-Philosoph». So wurden die konservativen Historiker – die berühmte «Viererbande» (Hildebrand, Hillgruber, Nolte, Stürmer) – gebrandmarkt, gegen die Habermas im Historikerstreit die Westbindung des Landes intellektuell verteidigte. Wir haben ja unser Heft über den Philosophen mit Fundstücken aus den Achtzigern enden lassen. H wie... nicht: Harald, sondern wie Habermas.
Sie haben mir das Heft freundlicherweise zugeschickt, um mich ein wenig für ein systematisches Gespräch vorzubereiten. Die Walter-Benjamin-Tolle auf dem Cover ist schon einmal phänomenal. Auch die Brille des Philosophen ...

Haben Sie nicht so ein Hipstermodell bei «Schmidteinander» – Ihrer Kult-Comedy mit Feuerstein – getragen?
Nein, nein, das ist nicht die «Schmidteinander»-Brille. Die Brille von Professor Habermas erinnert mich eher an meine erste Brille aus Nürtingen. Ich wollte unbedingt eine Brille habe wie Peter Fonda in *Easy Rider*, die um die Ecke ging und grün war. Aber die war 1963 in Nürtingen nicht aufzutreiben. Ich begreife das bis heute nicht. Wir sind uns einig. Die achtziger Jahre sind doch eine Weile her. Wenn ich das richtig memoriere, sind das vierzig Jahre. Da ist schon viel passiert.

Ihr großes Jahrzehnt sind die neunziger Jahre. Sie waren täglich auf dem Schirm, hatten ein dem Meister treu ergebenes Millionen-Publikum. Und in den Feuilletons stapelten sich die Hymnen und Exegesen über den Seismographen der jungen Berliner Republik. So wie sich heute kaum einer wundern würde – ein hübscher Sylvesterknaller des Kollegen Willi Winkler –, wenn Helene Fischer das neue Gesicht der ZEIT werden würde, hätte sich in den neunziger Jahren wohl auch kaum einer gewundert, wenn Sie zu Ihrer Show auch noch die Herausgabe der F.A.Z. übernommen hätten.
Auf dem Höhepunkt meiner Show bin ich in der F.A.Z. mal zur Blattkritik reingebrettert. Die Jungs und Mädchen vom Feuilleton wollen ja hören, wie der Laden so läuft. Da saß auch der Leitartikler Johann Georg Reißmüller – mit völlig blauen Fingerkuppen. Da dachte ich, das spreche ich mal lieber nicht an. Vielleicht sind die Kuppen ja vor Stalingrad erfroren? Hinterher sagte man

mir, er komme gerade vom Blaubeeren-Pflücken aus seinem Garten im Taunus. Meine Show wurde drei Jahre gehyped – und war zwanzig Jahre im Programm. Wir alle wissen: «Klassische Phasen waren immer kurz.» Ein Zitat von Gustav Seibt, das mir von einer seiner kleinen Antrittsvorlesungen auf einem gemeinsamen Spazierweg zum Hildegard-von-Bingen-Preis in Mainz hängen geblieben ist. Der wusste wahrscheinlich gar nicht, wie sehr das bei mir auf fruchtbaren Boden fällt.

Mit dem Klassizismus der «Harald Schmidt Show» öffnet sich ein ganz neues Goldrähmchen-Thema. Auch die ruhmreichen Zeitschriften aus der Romantik oder Klassik – «Athenaeum», die «Horen» – haben ja nach ein, zwei Jahrgängen das Zeitliche gesegnet.
Allein die Zahl ist Frevel, wie der Meister sagte, den ich jetzt öfter einwechsle. *Warten auf Godot*, dreißig oder fünfzig Leute bei der Uraufführung. Da muss man sich schnell die Krücken aus dem Klassiker-Fach heranholen, wenn es mal nicht so läuft. Die größten Flops des Tages – werden in der Regel erst hundert Jahre später als epochales Ereignis entdeckt. Da arbeite ich momentan dran.

Sie sind ein Best Ager, haben in diesem Sommer Ihren 65. Geburtstag gefeiert. Als Sie im Schatten des Peymann-Theaters in Stuttgart an Ihrer ersten Karriere als Theaterschauspieler tüftelten, wurden die großen alten Mimen der Zwischenkriegszeit von den jungen, wilden Theaterregisseuren mit Rollen besetzt: Minetti, Quadflieg oder Marianne Hoppe. Auch Ihr Comeback scheint unmittelbar bevorzustehen.
Ihr Wort in Gottes Ohren. Es besteht ja die Möglichkeit, dass ich schon in eine andere Welt abberufen wurde, zum Zeitpunkt des Abdrucks des Gesprächs. Wir kennen alle die Fälle, wo Leute mit Topwerten beim Arzt vom Rad fallen. Mein verlässliches Skript ist die Bundessterbetabelle des deutschen Versichertenwesens. Laut dieser Tabelle bleiben mir noch 21 Jahre. Ich hatte eine Phase, wo ich ein wenig kürzer getreten bin. Habermas, Bob Dylan, Clint Eastwood, die machen ja auch alle weiter. Es wird ja auch immer was geboten. Was Jobs angeht, lasse ich die Dinge auf mich zukommen. Meine stabile Devise – Drehort geht vor Inhalten. Jetzt etwas in Darmstadt zu machen, ist für mich uninteressant. Wien, Zürich, London, Südsee.

Da fühlt sich unsere Zeitschrift aber geehrt, dass Sie der Redaktion am Wissenschaftskolleg an der Peripherie des Molochs Hauptstadt, kurz hinterm AVUS-Kreuz, einmal einen Besuch abstatten.
Ich wollte immer mal sehen, wie das so in einer Elite-Anstalt zugeht. Ich lese immer nur davon. Und kenne unheimlich viele Leute, die auf Parkplätzen von Weinkrämpfen geschüttelt werden, weil sie es nicht dorthin geschafft haben. Ich dachte auch mal, ob ich mich beim Thomas-Mann-Haus in Pacific Palisades bewerben soll. Aufgrund des Promi-Faktors würde ich da – denke ich mal – den einen oder anderen Geisteswissenschaftler von der Strecke blasen. Jetzt höre ich aber Doppelzimmer, und man muss sich Bäder teilen …

Dann doch lieber unter Kapitän Max Parger mit Kollege Silbereisen an Bord der MS-Deutschland durch die Südsee schippern? Obwohl es in Pacific Palisades einen Pool für die Fellows gibt.
Ist da Tommy selber drin geschwommen? Da kann ich jetzt vielleicht endlich den einzigen Satz von Carl Schmitt anbringen, den ich auswendig kenne. «Und es schauen sich lachend an, Thomas Frau und Thomas Mann.» Habe ich in einer Biographie aufgelesen. Womit Schmitt eigentlich berühmt wurde, begreife ich nicht. Ich bin ja erst spät auf ihn gestoßen. Aber eine Sache hat mich gleich für ihn eingenommen. Er hat angeblich Weißwein gegen den Durst getrunken.

Moselwein. – In einer Ihrer Shows, in der Sie mit Playmobilfiguren Helmut Lethens Klassiker «Verhaltenslehren der Kälte» nachspielen, hat der Kronjurist als gescheitelte Playmobilfigur einen kleinen Auftritt. Im ganzen Schmitteinander des Römischen Katholizismus hätten Sie als treuer Katholik sicher Anknüpfungspunkte gefunden. Die katholische Schule mit ihren strengen Formen und Routinen ist ja eine gute Trägerrakete für eine spätere Karriere in den Künsten.
Das verbindet Jürgen von der Lippe und Gottschalk mit Mosebach und Bohrer. Die Routinen sind das Gerüst, auf die so eine tägliche Show überhaupt nur stattfinden kann. Sie sind ja nicht jeden Tag in Topform. Sie müssen vor ihrem Publikum wie der Prediger in der Kirche erscheinen: «Der Herr sei mit euch, lasset uns beten. Aus dem Evangelium nach Johannes.» Ich habe zehn

Jahre jeden Sonntag drei Messen an der Orgel gespielt. Sie können dann blind die Liturgie mitsprechen. Auch bei einer Show wiederholt sich immer alles. Wir hatten ja nur – so mit Honecker-Applaus im Publikum – phantastische Meldungen zu verkünden ... Heute in der F.A.Z: Ernstfall für Siggi-Pop. Wir haben einen neuen Superstar in der Wirtschaft – Stahl-Siggi. Und nun zum Wetter. Morgen erwarten wir Stahlgewitter.

Waren Sie denn mal im Stauffenberg-Forsthaus von Ernst Jünger in Wilflingen? Von Nürtingen ist das nicht weit entfernt.
Ich wollte mal hinfahren. Von Schmitt zu Jünger – so eine kleine Tour machen. Von Plettenberg nach Wilflingen. War aber doch zu faul. Als *armchair traveller* macht man es dann doch nicht. Man kann sich vorstellen, wäre schön gewesen, und bleibt zu Hause.

Aber Sie haben doch einen ausgeprägten bildungsbürgerlichen Ehrgeiz. Auch die Gralsburg Marbach am Neckar, unser Gründerhaus der Zeitschrift, lag bei Ihnen ja ums schwäbische Heimateck.
Dieses bildungsbürgerliche Strebertum verheize ich ausschließlich in Interviews. Ich bin sehr faul, gehe eigentlich nirgendwo hin. Diese Künstler schreiben ja alle derart klein. Ich war mal, weil ich in Wien noch eine halbe Stunde Zeit hatte, in der Nationalbücherei, wo Handke-Tagebücher im Original zu sehen waren. Mir haben die Augen gebrannt hinterher. Eine dermaßen kleine Handschrift! Toll, dass es so etwas gibt. Das muss auch alles gepflegt werden. Aber mich zieht es nicht dahin. Ich gehe auch nicht ins Museum. Bilder lassen mich kalt.

Sie haben just ein Bernhard-Buch («In der Frittatensuppe feiert die Provinz ihre Triumphe») mit vielen Harald-Schmidt-Fotos herausgegeben.
Sagen wir mal so: Ich wollte gepflegt durch Österreich reisen – und da bot sich die Gelegenheit, ein Thomas-Bernhard-Buch herauszugeben. Vertragsgrundlage war: Ich bin nicht in der Lage, ein Buch herauszugeben. Aber ich habe kurz zuvor den Begriff *Editor-at-large* gelernt. Also, die schwer vermittelten alten Säcke, die man nicht so richtig loswird. Geschrieben haben das dann Menschen, die kulinarisch etwas verstehen – wie Vincent Klink. Und ich habe Fotos gemacht und gegessen.

Haben Sie Bernhard zu seiner großen Zeit mal getroffen?
Nein, da war ich ja noch Schüler. Da war ich Lichtjahre davon entfernt, überhaupt in die Nähe solcher Menschen zu kommen.

Sie sind nie zur Burg gepilgert?
Ich habe Interrail gemacht und hatte nach drei Tagen kein Geld mehr. Ich wollte nach Kreta; bin aber über Straßburg gefahren. Bis zur Grenze kostete es nur die Hälfte, das war von Stuttgart aus der kürzeste Weg. War dann schnell pleite – und musste zu meinen Eltern in die Schweiz. Das sind so Schicksale, die lebenslang prägen. Ich wurde aber mal von Elfriede Jelinek erwähnt. Ist das in Ihrem Herausgeberort Marbach eigentlich bekannt?

Der Vorlass von Jelinek liegt, glaube ich, gar nicht in Marbach. Das muss wohl noch archivalisch aufgearbeitet werden. Wie organisieren Sie denn selbst Ihren Nachruhm? Die Drehbücher Ihrer Shows, die Urskizzen der Gags – «Schmidteinander» ist Kulturgut und gehört längst zur Stilgeschichte unseres Landes. In Marbach findet sich ja auch von Jean Paul über die Zweite Frankfurter Schule bis zu fröhlichen Wissenschaftlern (Marquard, Sloterdijk) eine humoristische Linie. Wollen Sie nicht auch wie das zweite Genie aus Nürtingen – H wie Hölderlin – Ihren Vorlass den Hütern der Überlieferung anvertrauen?
Da muss ich Sie enttäuschen. Witze sind für den Augenblick. Die Zeit geht darüber hinweg. Da bin ich volkstümlich. Ich kann mir nicht vorstellen, wer den ganzen Käse lesen will. Das denke ich mir bei vielen Vorlässen. Bei allem Respekt vor großen deutschen Komödianten. Thomas Bernhard hat seinem Bruder mal erzählt, wie schön das wäre, wenn alles in Flammen aufgehen würde.

Hat denn der Dr. Fabian auch erzählt, dass Michel Houellebecq den Janker des Bruders hat mitgehen lassen?
Er hat mir das Foto gezeigt, wie Houellebecq den Janker vor dem Vierkanthof im Obernathal anhat. Die Story ist natürlich phantastisch. Ich glaube, dass viele deutsche Künstler Anoraks nach Paris schicken und sagen: «Michel, könntest du ihn mal anziehen, das würde mir helfen.» So wie Blurbs, die man hinten auf die Bücher schreibt: «Dieses Buch hat mich berührt, erschüttert und erheitert.» Kaufen Sie ein Buch, weil Richard David Precht

sagt: «Der schönste Film seit Thomas Mann»? – Ich bin durch Ihre Zeitschrift auf James Boswell gestoßen, den kannte ich bisher nicht. Mal schauen, ob es da was zu klauen gibt.

Der Tagebuch-Autor James Boswell war eine moralistische Spiegelfigur unseres verehrten Autors Henning Ritter. Ritter hätte als Figur gut in das 18. Jahrhundert gepasst. Es gibt diese Figuren, die sich im Jahrhundert geirrt haben: Götterlieblinge aus dem späten 19. Jahrhundert wie Hugo von Hofmannsthal, an die der Zeitgeist von Weimar vorbeigerast ist; Renaissancemenschen im 20. Jahrhundert, Stilisten alter Prägung in hochsensibilisierten neuen Zeiten. Kennen Sie auch dieses Gefühl – in einem falschen Jahrhundert zu leben?
Nein, nein, nein. Ich bin zwar ein großer Fan des 19. Jahrhunderts, habe aber eine vollkommen romantische Netflix-Serienvorstellung. Wie in einem Oliver-Twist-Musical, wo im Waisenhaus im Takt gegessen wird. «Food, Glorious Food.» Charles Dickens, Queen Victoria. Das lange 19. Jahrhundert, wie wir Historiker sagen. Für mich geht es von der Französischen Revolution bis zur WM 74 ...

Das ist ziemlich lang. Zeichnet sich da etwa pünktlich zum Anpfiff der Fußball-Weltmeisterschaft in Katar ein neuer «turn» am Methodenhimmel der Geschichtswissenschaft ab. Vor dem schlechten Leumund des 19. Jahrhunderts, das so viele toxische Ideen ausgebrütet hat, muss ich da sofort Einspruch erheben.
Ich sollte wohl besser so formulieren. Bei aller berechtigter Kritik, die ich am 19. Jahrhundert anzubringen habe, gibt es gewisse Elemente, denen ich durchaus fasziniert gegenüberstehe. Besser?

So viel besser, die herrschende Lehre der Ambivalenz. Die Farbe Grau der Geschichte. Das ist ja fast schon original Thomas Nipperdey ...
Na ja, ich lebe wahnsinnig gerne genau jetzt. Kaputte Zahnwurzel im 19. Jahrhundert? Bingo! Die erste Narkose war in England um 1850. Und die war ja noch nicht so wie heute, dass man sich da in der Mittagspause kurz einen Katheter legen lässt – Stichwort: Propofol – und hinterher ist man besser drauf. Dieser Dreck, diese Feuchtigkeit, diese Armut – das ist ja auch 19. Jahrhundert. Ich schaue mir das gerne in der Serie an, wo man im

Schloss wohnt und wo die Backenbärte nach dem Ober klingeln. *Upstairs, Downstairs.* Aber ich möchte nicht tauschen. Ich gehe jetzt mal davon aus, dass wir noch warmes Wasser haben, wenn das Gespräch hier abgedruckt wird.

Die Versorgungssicherheit, hat der Klimaminister gesagt, ist auch für den Winter, der mit dem Erscheinen der «Ironiefreien Zone» kurz vor der Tür steht, gesichert. Stand April 2022.
Hier vertraue ich auf unseren neuen Energiepartner Katar. Wäre das nicht ein Thema für das «Denkbild» Ihrer Zeitschrift: Große Verbeugungen der Weltpolitik. Meine bisherige Nr. 1: Donald Rumsfeld vor Saddam Hussein, als man ihn noch gegen den Iran brauchte. Aber ziemlich weit unten auch Robert Habeck in Katar. Aber er macht das großartig. Immer zweifeln, immer verständlich: «Ich möchte noch einen anderen Gedanken in die Debatte bringen.» Nicht dieses Losballern wie Friedrich Merz.

Das Portfolio des Vizekanzlers ist in der Tat beeindruckend. Philosoph, Theaterautor, Familienvater und Erzieher, der die Konfektionsgrößen seiner Kinder kannte …
Einer meiner neuen Lieblingsbegriffe ist *Mental Load.* Sie wissen, Mutti kann nicht loslassen … Ich bin auf den Begriff gestoßen, weil ich in Zürich eine Sache mit der amtlichen LGBTQ+-Repräsentantin kuratiert habe, die mit einer Basler Professorin diskutiert hat, die ein Buch über dieses Phänomen herausgegeben hat. Das habe ich schnell mal quergelesen. Weil ich wusste: da ist Munition, die kann ich gebrauchen. Ich lerne ja von den Besten – siehe oben – und mache in Interviews auch gelegentlich mal den Robert. «Wir müssen gewaltig umdenken.» Und dann gleich weiterschwenken über eine politische Reaktualisierung von Theweleits «Männerphantasien» ins lange 19. Jahrhundert …

In dem wir heute ja wieder leben – traut man den Auguren. Zarismus, Imperialismus, Kolonialismus. Die alten Dämonen treiben erneut ihr Unwesen.
Amazing. Isn't it.

Das Gespräch führte Stephan Schlak

Bildnachweis:
Abb. 1: © Im Privatbesitz von Harald Schmidt – der das Bild 2014 als Gage für die Mitwirkung an der 3sat-Sendung «Der Meisterfälscher. Wolfgang Beltracchi porträtiert» bekommen hat.

Gerd Koenen

Anmerkungen zu Putin

Unter dem okkulten Zeichen des «Z» bringt Putins Krieg zur Vernichtung der Ukraine eine Lawine ins Rollen, von der niemand weiß, wann, wo und wie sie zum Stillstand kommen und welche Folgen sie haben wird: Warum und wozu das alles? Konventionelle Diagnosen – die Sicherheitsinteressen Russlands, die Kränkungen Putins durch seine westlichen Partner, die postimperialen Belastungsstörungen Russlands, und was dergleichen Rationalisierungen mehr sind – wirken gegenstandslos. Niemand bedroht Russland oder könnte das, niemand möchte es isolieren, zerstören oder niederhalten, im Gegenteil: Die Voraussetzungen wären da, um dieses Land zu einem prosperierenden Bindeglied der Verflechtungen zwischen Asien, Europa und Amerika zu machen, so dass es seine Ressourcen und humanen Potentiale auf die Sanierung des eigenen Landes konzentrieren könnte. Russland könnte ein anderes Kanada sein. Aber genau damit soll es – oder will es? – sich nicht begnügen.

Der blinde Fleck der Singularität

Das Charakteristikum des jetzt entfesselten Krieges ist die Einsamkeit, in der Wladimir Putin allen Informationen zufolge die Entscheidung zu einer Invasion getroffen hat, die einen Zug von Wahnwitz trägt und sein Land in unbekanntes Terrain hineinkatapultieren wird. Man kommt ins Grübeln, wann jemals in neuerer Zeit ein Machthaber in solch unberatener Einsamkeit über das Schicksal eines so großen Landes derart gravierende, auf einen Weltumsturz zielende und potentiell selbstzerstörerische Entscheidungen hat treffen können. Und landet bei einem Vergleich, der zuverlässig alle Alarmglocken schrillen lässt, weil er den Nimbus der «Singularität» unserer ureigenen deutschen Verbrechensgeschichte und ihrer «Bewältigung» beschädigen und damit ein bedeutsames Alleinstellungsmerkmal der Bundesrepublik in der Welt mindern könnte.

Es geht natürlich um den Vergleich mit Hitler. Dass Putin nicht Hitler ist und Russland nicht Deutschland, sind Gemeinplätze und insoweit richtig. Sie schließen Parallelen der Denk- und Handlungsmuster und strukturelle Ähnlichkeiten der Machtsysteme nicht aus. Letztlich geht es aber um etwas noch Tiefgreifenderes: nämlich um einen Konnex beider Länder, wie er in Putins obsessiver Verwendung von Begriffen wie «Blitzkrieg», «Nazismus», «Völkermord» aufscheint, wenn auch in steter projektiver Verkehrung. In diesen Signalworten, die die eigenen Absichten zugleich offenlegen und kaschieren, treten die mentalen und realgeschichtlichen Hinterlassenschaften einer ganzen Ära fragwürdiger Kollaborationen und katastrophischer Konflagrationen zwischen diesen beiden, nach allen Seiten expandierenden, eng miteinander verflochtenen imperialen Reichskomplexen zutage – toxische Erbschaften, die man in ganz anderer, schärferer Weise zutage zu fördern hätte, als es die ubiquitäre Rede von der «besonderen historischen Verantwortung» der Deutschen für die monströsen Weltkriegsverluste Russlands auch nur andeutet.

In Wirklichkeit handelte es sich ja um die Schicksale und Verluste aller der zwischen Hitler und Stalin geteilten und zerriebenen Länder, an erster Stelle Polens, dann der Ukraine und Weißrusslands, über die der Hobel des stalinistischen Großen Hungers und Großen Terrors und anschließend des nazistischen Vernichtungs- und Versklavungskrieges gleich zweimal hinweggegangen ist, und die den Kern jener *Bloodlands* bilden, die zugleich auch die Hauptorte des großen Judenmords, des «Holocaust», waren, der in der Sowjetunion bis 1989 sorgsam beschwiegen wurde.[1] Vieles, fast alles in der deutschen «Erinnerungskultur», auf die man sich so viel zugute hält, ist in diesen Fragen falsch, verwaschen oder ahistorisch. Eine ganze, ungeheure Verbrechensgeschichte faltet sich in das komfortable Mantra von «Auschwitz, das sich nie wiederholen darf» zurück, oder in die noch gedankenlosere Formel von «Nie wieder Krieg!».

1 So die Perspektive, die Timothy Snyder in seinen Büchern «Bloodlands» (2010) und «Black Earth» (2015) gegen alle rein deutsch- oder russo-zentrischen Blickverengungen eingenommen hat.

Putinismus als politisch-ideologischer Hybrid

Die erste Referenz, wenn man das Regime Putins charakterisieren will, wäre natürlich das Stalins, so wie es aus der Kollektivierungsrevolution, dem Säuberungsterror und dem «Großen Vaterländischen Krieg» hervorgegangen ist und in dessen überlebensgroßem Schatten und mythischen Nachklängen der junge Wladimir aufgewachsen ist. Allerdings ist einstweilen nicht erkennbar, dass der heutige Kremlherr die Absicht oder auch nur die Mittel hätte, in der Manier seines großen Vorgängers, «des Stählernen», alle potentiellen Gegner im Volk und im eigenen Apparat terroristisch zu eliminieren und sogar seinen engeren Machtzirkel in stetem, latentem Schrecken zu halten. Putin, so sieht es zumindest aus, umgibt ein Fluidum freiwilliger Devotion und bedingungslosen Diensteifers, und viel mehr braucht er offenbar auch nicht, um seine Position als Entscheider letzter Hand zu wahren.

Das könnte dann eher wieder an Hitler erinnern, der in seinem engeren Umfeld wie gegenüber der Masse der deutschen Volksgenossen einen massenhaften Terror nicht benötigte, sondern immer die nötige Gefolgschaft fand, vor allem nachdem er sein Volk und Gefolge durch den ultimativen Ausweis modernen politischen Führertums, die «entscheidende historische Tat», in eine kriegerische Vorwärtsbewegung hineingerissen hatte, aus der es kein Zurück mehr gab.[2] Man erinnert sich an Sebastian Haffners *Anmerkungen zu Hitler*, die sich im Porträt eines Führers zuspitzten, der sein Lebensprojekt der Errichtung eines futuristischen, rassisch gegliederten und gesäuberten arisch-germanischen Kontinentalreiches an «die mutmaßliche Dauer seiner irdischen Existenz» gebunden und von allen engeren Zielen und Imperativen einer deutschen, selbst großdeutschen Staatlichkeit und Existenz emanzipiert hatte.[3]

Auch mit Putins heutigem *peer*, dem Großen Vorsitzenden und Präsidenten Xi in China, lassen sich Vergleiche anstellen und Parallelen finden. Nur verfügt Xi über ein unvergleichlich vielseitigeres Spektrum weltpolitischer Möglichkeiten sowie noch immer über einen in sämtliche Winkel von Staat und Gesellschaft hineingreifenden, alles überwachenden Partei- und Machtapparat, wie Putin ihn nicht besitzt. So wenig wie über einen ständig fortgesponnenen ideologischen Kanon, kulminierend in den

2 Vgl. Benno Ennker: Wladimir Putin – Führer, Diktator, Kriegsherr, in: Russland-Analysen 421, 20.6.2022 (Osteuropa-Forschungstelle Bremen).

3 Sebastian Haffner: Anmerkungen zu Hitler, Reinbek 1981, S. 22 ff., S. 156 ff.

«Xi-Jinping-Ideen», mittels derer die Rede- und Denkweisen der Kader, und in gewissem Grad sogar die der Gesellschaft im Ganzen, imprägniert und konditioniert werden sollen.

Auch Derartiges scheint Putin nicht zu benötigen oder anzustreben. Stattdessen übertreffen sich die politischen Granden und Tele-Propagandisten seines Regimes in scharfen Vorschlägen, wilden Behauptungen oder verbalen Exzessen, die eine gewisse Kakophonie ergeben. Und selbst nach Ausschaltung der letzten oppositionellen Gruppen und Stimmen in der Gesellschaft gibt es noch einen Strauß rivalisierender Duma-Parteien (einschließlich der Kommunisten als loyaler Hof-Opposition), konkurrierender Think Tanks und ideologischer Zirkel, um Auflagen, Einschaltquoten und Clicks bemühter Medien sowie eifrig rekrutierender gesellschaftlicher Organisationen, die allesamt an der Produktion einer putinistischen *volonté generale* mitwirken.

Nicht zu vergessen sind im Bild des Regimes die Oligarchen, die die Filetstücke der Volkswirtschaft nach staatlichen Vorgaben als formelle Privateigentümer managen und abschöpfen dürfen, sofern sie die Kaste der hohen Machtträger aus Regierung, Justiz, Militär und Geheimdiensten an den sprudelnden Devisenerlösen teilhaben lassen und für sie und ihre Kinder und Verwandten, und speziell auch für Putins engere «Familie», ausreichend lukrative Jobs und Pfründen, luxuriöse Immobilien und schicke Ressorts bereithalten. Inwieweit diese Arrangements durch die westlichen Sanktionen und die Einfrierung eines Teils der in ausländischen Steueroasen deponierten Vermögenswerte in Frage gestellt werden, bleibt abzuwarten. Bisher zeigt der Krieg eher, wie handzahm und abhängig diese Oligarchen sind, ohne jeden Anflug von staatsbürgerlichem Verantwortungs- oder zivilbürgerlichem Selbstbewusstsein. Aber vermutlich hat dieser Krieg auch den Zweck, ein unbedingtes Primat der putinistischen Weltpolitik über alle ökonomischen Privatzwecke wieder herzustellen – für welches Endziel, das wissen auch die Oligarchen oder Putins Mundstücke, Minister, Handlanger nicht.

Im Angesicht des aktuellen kriegerischen Vabanquespiels wirken deshalb auch die ausgefeilten Charakterisierungen des Putin'schen Regimes als eines «Mafia-Staats», in dem die Reviere zwischen Clans aufgeteilt wären und ein Capo den internen Frieden sichert, eher noch zu harmlos.[4] Zugleich zeigt sich, wie kurz die Anprangerung des Putin-Regimes als einer «Bande von Dieben und Betrügern» greift; und wie ohnmächtig jede darauf gegründete Oppositionspolitik letztlich bleiben muss, trotz aller noch so mutigen Proteste, drastischen Enthüllungen und charismatischen Auftritte eines Nawalny und seines engagierten Teams.

Näher an den Wesenskern dieses Regimes führen da schon die komplementären Rekonstruktionen von *Putins Netz,*[5] die ein in die frühen 1990er Jahre zurückreichendes Geheimdienst-Komplott offenlegen, welches nach Auflösung der alten Parteinomenklatura Staat und Wirtschaft zur Beute genommen hat und zugleich auch schon ein internationales Geflecht von loyalen Geschäftspartnern und politischen Verbündeten in Europa, den USA und anderswo auf der Welt geknüpft hat. Dieses «Netz» ist es demnach gewesen, welches in der Jelzin-Dämmerung den unbekannten Oberstleutnant der stillen Reserve aus Petersburg nach Moskau gebracht und in die zentralen Positionen des Staates hineingehievt haben soll: erst als einen noch vom halbsenilen Präsidenten selbst aus den Korridoren der Kreml-Vermögensverwaltung hervorgezauberten neuen Ministerpräsidenten, und dann als einen von Spin-Doktoren und Polittechnologen umgebenen und vom Volk per Wahlen akklamierten Nachfolger. Trotzdem wirken auch diese auf die unsichtbare Hand des Geheimdienstes abgestellten Diagnosen noch zu konventionell, wenn es darum geht, die solitäre Handlungsfreiheit Putins zu erklären, welche sich in einer «völligen Nichtachtung aller berechenbaren und äußeren Konsequenzen» gefällt, die Hannah Arendt als ein Signum «totaler Herrschaft» diagnostiziert hatte.[6]

Endkämpfe gegen die Realität

Was die ideologische und propagandistische Seite seines Regimes betrifft, haben die von Putin selbst und seinen Hofideologen, Telepropagandisten und Staatskünstlern entwickelten «Technologien der Seele»[7] lange Zeit wie ein eklektisches, rein manipulatorisches Sammelsurium von Phrasen und Leerformeln, Desinformationen und widersprüchlichen Behauptungen wirken können. In dieser Betrachtung erschien der Putinismus vor allem

4 Vgl. Karen Dawisha: Putin's Cleptocracy. Who Owns Russia? Cambridge 2014 – Die für deutsche Leser eindrücklichste Ausführung dieser These findet sich in Mascha Gessens Putin-Biographie: Der Mann ohne Gesicht (München/Zürich 2012) und ihrer prosopographischen Studie: Die Zukunft ist Geschichte (Berlin 2018).

5 Hier nach dem Titel des Bestsellers der langjährigen Moskauer Korrespondentin Catherine Belton: Putins Netz. Wie sich der KGB Russland zurückholte und dann den Westen ins Auge fasste, Hamburg 2022.

6 Hannah Arendt: Elemente und Ursprünge totaler Herrschaft, München 1986, S. 645.

7 Vgl. Ulrich Schmid: Technologien der Seele. Vom Verfertigen der Wahrheit in der russischen Mehrheitskultur, Berlin 2016.

als Vorläufer und Vorbild des amerikanischen Trumpismus und seiner «alternativen Wahrheiten», so wie Putin überhaupt zum Rollenmodell und zugleich zum Sponsor nahezu aller autoritären Populisten des Westens geworden ist und ebenso vieler jener Potentaten auf allen Kontinenten, die man unlängst als einen neuen Typus von «Spin-Diktatoren» zu typisieren versucht hat.[8]

Einer der Hauptvertreter der These vom Putinismus als einer postmodernen, rein zynischen Spin-Diktatur, Maxim Trudoljubow, hat sich nach Kriegsausbruch allerdings nachdrücklich korrigiert: «Putins alternative Wirklichkeit nicht ernstzunehmen, war ein weit verbreiteter, tragischer Fehler, ein Fehler, den auch ich begangen habe.» Denn tatsächlich liefen die lügnerischen Behauptungen, die diesen Krieg tragen und begründen sollen, auf einen regelrechten «Endkampf gegen die Realität» selbst hinaus. Putin habe das Land und sich selbst «mit seiner eigenen Lüge vergiftet» und in einen Zustand kollektiver Paranoia versetzt.[9]

Verzweifelte Diagnosen wie diese führen uns in immer trübere Gewässer. So haben Umfragen, die der «Meduza»-Autor Shura Burtin kurz nach der Invasion in Moskau und Umgebung in eigener Regie und auf eigene Gefahr anstellte, das verstörende Bild menschlich irgendwie nachvollziehbarer, aber doch nahe an Schizophrenie grenzender Ansichten der «Leute auf der Straße» ergeben. «Alle, die wir sprachen, ahnten, was da vorging, und versuchten, sich vor diesem Wissen zu schützen.» – «Die Ukrainer fragen ständig: ‹Wissen die Leute [in Russland] wirklich, was da vor sich geht?› Die Antwort ist: Nein, sie wissen es nicht. Aber sie verstehen es trotzdem.» Auch in seinem persönlichen Umfeld sieht Burtin beunruhigende Phänomene und versucht, sich einen Reim zu machen: «Kinder im Vorschulalter stellen sich zum Umriss eines ‹Z› auf. Sie malen das Zeichen auch an die Türen von Abweichlern, die man ordentlich erschrecken will. Der Buchstabe [den es im kyrillischen Alphabet nicht gibt, G.K.] hat ein rohes, faschistisches Charisma. Er ist ein Zeichen von Macht und vom Willen, alle Grenzen und Konventionen niederzubrechen. Semiotisch ist er identisch mit den SS-Runen. Aber gleichzeitig sind alle in Russland, von Putin bis zur Frau an der Ladenkasse, davon überzeugt, dass es sich um einen Kampf gegen den Faschismus handelt. (...) Das ganze Land repetiert Wörter wie ‹Ent-

8 Sergei Guriev/Daniel Treisman: Spin Dictators. The Changing Face of Tyranny in the 21st Century, Princeton 2022.

9 Maxim Trudoljubow: Endkampf gegen die Realität. Übersetzt aus Meduza, Februar 2022, in: dekóder, März 2022 https://www.dekoder.org/de/article/krieg-ukraine-putin-realitaet-luege.

nazifizierung›, ‹Entmilitarisierung› und ‹Befreiung›. (...) Russland tut der Ukraine an, was es sich selbst antun möchte.»[10]

Ein ähnliches Bild dissonanter Uniformität zeigen auch die regelmäßigen Meinungsumfragen. Es gehört zu den Eigentümlichkeiten des Putinismus, dem Volk in regelmäßigen Abständen demoskopisch das Fieber zu messen, um Grad und Qualität der Unterstützung zu ermitteln. Noch bemerkenswerter: Die Demoskopie ist inzwischen das einzige Feld, in dem auch als «ausländische Agenten» gebrandmarkte Personen wie die Forscher des Moskauer Lewada-Instituts sich (noch) betätigen dürfen – sogar dann, wenn die Ergebnisse ihrer Befragungen für das Regime keineswegs so positiv sind, wie der Leitindex, die pauschale 80%ige Zustimmung zu Putin und seiner Politik, es suggeriert. So ist nur eine knappe Hälfte der Meinung, das Land sei insgesamt auf dem richtigen Weg. Und nur eine sehr kleine Minderheit (16 %) findet, die Politik des Staates richte sich nach den Interessen der «einfachen Leute», statt nach denen der Reichen. Auch akute Bedrohungsgefühle durch den Westen waren bis unmittelbar vor Beginn des Krieges nur begrenzt zu spüren.[11]

Eine diffuse und nicht völlig unbegründete Angst, auf Treibsand zu stehen und so wie frühere, vermeintlich ultra-stabile Vorläuferregime plötzlich in einem chaotischen Aufruhr unterzugehen, mag durchaus der tiefere Grund der Nervosität sein, die Putins Aktionsmodus eines atemlosen Vorwärtsdrängens, gepaart mit Prahlereien über unschlagbare Wunderwaffen, und seine Alles-oder-nichts-Zockermentalität erkennbar durchzieht.

Traumata und Horror Vacui

Jedenfalls trägt der «Autoritarismus» in Russland ungleich ernstere Züge als in Amerika, Brasilien, Ungarn oder Indien. Er steht hier auf der mentalen Basis einer traumatischen Geschichte totalitärer und terroristischer Machtausübung gegen die eigene Gesellschaft, die in der Ära Stalins einen auf ihre Weise «singulären», das heißt präzedenzlosen Charakter angenommen hatte. Ob diese geschichtliche Erfahrung nicht sogar einen eigenen Menschentypus hervorgebracht hat, einen «Homo Sovieticus», kann man ebenso gut begründen wie bezweifeln. Aber man muss die Erfahrungen von Massenterror und totalitärer Ausliefe-

10 Feeling around for something human. Why do Russians support the war against Ukraine? Shura Burtin investigates, in: Meduza (engl.) 3. Mai 2022 https://meduza.io/en/feature/2022/05/03/feeling-around-for-something-human.

11 Russland auf dem Weg zur Führerdiktatur, in: Russland-Analysen (Anm. 2).

rung jedenfalls zusammensehen mit der Erfahrung des ebenso singulären Triumphs im «Großen Vaterländischen Krieg» 1945, und wiederum mit der gegenteiligen Erfahrung des ruhmlosen und chaotischen Zusammenbruchs der vermeintlichen Supermacht UdSSR und des gesamten, seit dem Weltkrieg von ihr beherrschten «Weltlagers». Es bedarf keiner besonderen Analytik, um zu verstehen, wie dieser ungeheure historische Erfahrungszyklus mit all seinen ideologischen Überspannungen und emotionalen Wechselbädern eine mentale Disposition produziert hat, an gar nichts mehr zu glauben und alles für möglich zu halten. Aber gleichzeitig muss ein solches geistiges und emotionales Vakuum, in dem es Menschen kaum aushalten können, neue Sinnstiftungen anziehen. Mehr noch: Es kann sogar ein erneuertes Bedürfnis nach allseitiger, sogar neo-totalitärer Macht produzieren, die wieder Ordnung in das Wirrwarr der Gegenwartswelt bringen soll und – in Hannah Arendts Formulierung – abermals ein «eisernes Band (schafft), das alles so eng aneinanderschließt, dass ... es ist, als seien alle zusammengeschmolzen in ein einziges Wesen von gigantischen Ausmaßen».[12]

Totalitäre Macht und selbst exzessiver Terror können eben keineswegs nur abschreckend, sondern auch anziehend wirken. Dasselbe tun große Kriege, die regelmäßig eine Nostalgie erzeugen, oft aber auch eine prospektive Sehnsucht nach neuem Krieg erwecken können. Und nichts ist dafür besser geeignet als der «Große Vaterländische Krieg», der ein unzweifelhaft gerechter, unausweichlicher Krieg um die schiere Existenz war und ungeheuerliche Opfer gefordert hat, die nach Kompensation verlangen. Zugleich isoliert ihn diese ideologisch eingefrorene Formel aus dem Gesamtgeschehen des Zweiten Weltkriegs und reduziert ihn auf eine autistische Erzählung vom unbesiegbaren Großen Russland. Alle Äußerungen einer echten, lebendigen, menschlichen Tragik und Trauer, die in den späten sowjetischen Kriegserzählungen noch halbwegs präsent waren, werden jetzt in nackten Triumph und Militarismus umgewandelt. Und eine neu aufgestellte, vielhunderttausendköpfige «Junarmija», eine vormilitärische Kinder- und Jugendarmee, soll unter der morbiden Losung «Wir können es wieder tun» auf eine neue, beliebig missbrauchbare Kriegsbereitschaft eingestimmt werden.

12 Arendt: Elemente und Ursprünge totaler Herrschaft, S. 713 f.

Kriege waren für Putin von Anfang an das Mittel der Wahl, um die schwelende Unzufriedenheit über die grellen sozialen Unterschiede und über die manifeste Willkür, Korruption und Dysfunktionalität der staatlichen Organe immer von Neuem in die Kanäle eines aufgeputschten Großmachtstolzes umzulenken. Schon der erste, phänomenale Popularitätssprung, der dem unbekannten Apparatschik im Jahr 2000 den Weg ins Amt sicherte, verdankte sich seiner Rolle als Kriegsherr in Tschetschenien. Ähnliches galt 2008 für den Krieg gegen Georgien und die dort gemachten Eroberungen, mittels derer die Verfassungskrise gelöst wurde, die sich am gezinkten Ämtertausch mit seinem Adlatus Medwedew entzündet hatte. Und ebenso diente die Okkupation der Krim und die Aufstellung einer Separatistenarmee im Donbass im Frühjahr 2014 dazu, eine Periode innerer Unruhe, die sich vor und nach der massiv gefälschten Wiederwahl Putins 2011/12 in Massendemonstrationen entluden, in einer Woge patriotischen Stolzes zu ertränken. Einen Moment lang hatte es so ausgesehen, als werde auch Russland sich der Kette der demokratischen «Farbenrevolutionen» anschließen, die in Serbien 2000 begonnen hatten, sich in der Ukraine 2004 und in Georgien 2008 fortgesetzt und über den Iran 2009 die arabische Welt 2020/11 erreicht hatten. Stattdessen gelang es Putin, alle Widerstände durch Serien repressiver Gesetze und Verordnungen, drakonischer Urteile und gezielter Morde (wie 2015 die Erschießung Boris Nemzows, des letzten prominenten Oppositionellen) niederzumachen und schließlich fast völlig zu ersticken.

Seither hat er freie Hand. Jetzt geht es ihm erkennbar um weit Größeres und womöglich sogar um etwas anderes als nur um Stabilität und Prestige. Schon durch seinen einsamen Entschluss, unmittelbar im Anschluss an die Olympischen Spiele in Sotschi die Krim zu okkupieren und einen Krieg im Donbass zu eröffnen, hatte er einen Rubikon überschritten; und mit den Kriegszügen in Syrien und Libyen gleich weitere. Seither lebt Russland, wie Putins Polittechnologe Wladislaw Surkow 2020 verkündet hat, in der «Epoche 2014+» und strebt, notfalls in «100 Jahren geopolitischer Einsamkeit», unbekannten Ufern zu.[13]

13 Wladislaw Surkow: 100 Jahre geopolitische Einsamkeit, in: dekóder, 12.6.2018.

Auf dem Weg zum Fünften Imperium

Eine Ahnung dieser entgrenzten Weltperspektiven vermittelte Putin, als er gleich nach dem Anschluss in einem kühnen Akt der «Erfindung von Traditionen» die Krim als den angeblichen Ort der ersten christlichen Taufe des Kiewer Fürsten Valdemar/Volodymir zu einem «sakralen Ort» erklärte, den er mit dem Jerusalemer Tempelberg verglich. Nicht nur verleibte er den Fürsten, den er in russisch-orthodoxer Manier «Wladimir den Heiligen» nannte, damit seinem tausendjährigen Reichsnarrativ ein und unterstrich das zusätzlich mit der Errichtung einer überlebensgroßen Statue des «Hl. Wladimir» an der Kreml-Mauer. Sondern in greller Überzeichnung stellte er, Wladimir Wladimirowitsch, sich selbst in dessen Nachfolge. Putins geistlicher Mentor und angeblicher Beichtvater, der Metropolit Tichon Schewkunow (ein ehemaliger Filmstudent), sekundierte mit der Aufforderung an das Volk, für den zu beten, «der durch Gottes Wille an die Spitze Russlands gestellt ist».[14]

Ob alle diese schnell zusammengezimmerten, frommen Legenden und immer dichter gefügten ideologischen und historischen Referenzen, die Putin sich über die Jahre mit dem Eifer eines begabten Autodidakten angelesen und als oberster Laienhistoriker und Ideenpolitiker seines Landes immer von Neuem autoritativ verkündet hat, ein authentisches Movens seines Handelns bilden oder nur das feierliche Decorum einer in byzantinischer Manier selbst aufs Haupt gesetzten «Kappe des Monomach» sind, kann getrost dahingestellt bleiben. Versuche westlicher Autoren, *In Putins Kopf* hineinzuschauen, haben ein beachtliches Spektrum älterer und neuerer, durchweg russozentrisch-fundamentalistischer Referenztexte zutage gefördert. Insgesamt ergeben sie ein ziemlich konfuses Gesamtbild, bei dem der Rezipient «alle erreichbaren Ideenknöpfe (drückt)», um die Überlegenheit der russisch-eurasischen Zivilisation über die des dekadenten Westens zu belegen.[15] Wer sich tiefer in den Irrgarten historiosophischer Konstruktionen hineinbegibt, die Putin seit mehr als einem Jahrzehnt freihändig vorskizziert hat, um anschließend von einem weiten Umkreis amtlicher oder selbstberufener Ideologen und Mythologen, Theologen oder Geostrategen weiter ausgemalt zu werden, könnte leicht irre werden.

14 Zitiert nach Timothy Snyder: The Road to Unfreedom. Russia, Europe, America, New York 2018, S. 64.

15 Kerstin Holm: Dem Westen das Hinterteil zeigen. Rezension von Michel Eltchaninoff: In Putins Kopf. Die Philosophie eines lupenreinen Demokraten, Stuttgar 2016, in: F.A.Z, 2.4.2016.

So heißt es beispielsweise in dem zu Putins drittem (eigentlich schon viertem) Amtsantritt 2012 verfassten Manifest des «Isborsker Klubs», dem neben seinem Beichtvater Schewkunow die Crème der alten und neuen Imperialideologen Russlands von Dugin bis Prochanow angehört: Das «von Putin initiierte ‹Eurasische Projekt›» bedeute die Errichtung eines Bollwerks gegen die «tödliche Bedrohung», die von einer von westlichen Chaostheoretikern und Meistern des Informationskriegs konstruierten «liberalen ‹Maschine›» ausgehe. Zweimal sei es dieser «satanischen Maschine» im 20. Jahrhundert gelungen, das russische Imperium in ein «schwarzes Loch» zu stoßen: zuerst 1917 das weiße, kaiserliche Reich, und 1991 dann auch das rote, sowjetische Imperium. Indem nun die Nachfahren der einen wie der anderen, der Weißen wie der Roten, der zaristischen Generäle wie der bolschewistischen Kommissare, der Popen wie der Tschekisten, posthum wieder zusammenfänden, werde der russische Staat seinen zweifachen historischen Tod überlebt und endgültig bewiesen haben, dass die «russische Zivilisation unvermeidlich von den Toten wiederaufsteht». Unter der Ägide Putins schicke die Russländische Föderation sich an, den vier historischen Imperien – der Kiewer Rus, dem Moskowitischen Zarentum, dem Vielvölkerreich der Romanows und der noch größeren Sowjetunion – ein «Fünftes Imperium» hinzuzufügen.[16]

16 Snyder: The Road to Unfreedom, S. 94 f.; sowie Schmidt: Technologien der Seele, S. 1214 ff., der die Rede vom «Fünften Imperium» dem Neo-Stalinisten Alexander Prochanow zuschreibt.

Iwan Iljin und die deutsche Spur

Zu seinem weltanschaulichen Leitautor hat Putin den Religionsphilosophen Iwan Iljin auserkoren, dessen Gebeine er 2005 aus seinem letzten Schweizer Exil zurückgeholt und dessen Schriften er immer wieder als Fingerzeige für den künftigen Weg des Landes zitiert hat. Dass der fanatische Antibolschewist Iljin, der 1922 aus der Sowjetunion ausgewiesen worden war, in seinen Berliner Exiljahren vor und nach 1933 vom Faschismus Mussolinis wie vom Nationalsozialismus Hitlers stark beeindruckt war, wenngleich er sie ihres «heidnischen» Charakters wegen nicht als Vorbild für Russland sehen wollte, scheint kaum gestört zu haben. Womöglich haben gerade die deutschen Resonanzen und Subtexte bei seinem verspäteten Adepten Putin, der als angehender KGB-Offizier Deutsch gelernt und sich sehr bewusst für

Deutschland als sein designiertes Operationsgebiet entschieden hatte, einen tiefen Akkord angeschlagen.

Im Zentrum des von Iljin 1938 verfassten Entwurfs eines nachbolschewistischen, großrussischen Idealstaats stand ein starker, strenger und männlicher «Führer» (voshd) oder «Herrscher» (gosudar), dessen Aufgabe es sein werde, gestützt auf die alte byzantinische Vorstellung einer «symphonia», eines Zusammenklangs von weltlicher und geistiger Macht, eine feste «organisch-spirituelle Einheit der Regierung mit dem Volk» zu schaffen. Diese würde von vornherein mehr repräsentieren als einen Nationalstaat im profanen, westlichen Sinne, vielmehr eine «brüderliche Union» aller Völkerschaften des Imperiums, die sich dem russisch-orthodoxen Zentrum zu assimilieren hätten und gerade so zu einer großen, «vielgesichtigen, aber monolithischen Nation» (wie Putin Russland in einer seiner Reden einmal genannt hat) verschmelzen würden.

Um alle «raumfremden Mächte» auszuschließen, werde der künftige, in einmütigen Voten vom Volk bestimmte Führer-Erlöser vor allem «die Kunst der Identifizierung und Neutralisierung des Feindes» beherrschen müssen (so Iljin, mit deutlichen Anleihen bei seinem Zeitgenossen Carl Schmitt). Er dürfe nicht davor zurückscheuen, das «ritterliche Opfer» des Blutvergießens zu erbringen, selbst wenn dies einem rechtlosen, kriminellen Akt gleiche. Denn ihm sei es von Gott und der Geschichte aufgegeben, die Ewigkeit der einzigartigen, rechtgläubigen Zivilisation des Russländischen Reiches zu sichern.[17]

Putin scheint in den historiosophischen Lehren Iljins aber nicht einfach eine Anregung oder Inspiration, sondern einen Fingerzeig seiner eigenen providentiellen Rolle als des Wiederaufrichters Russlands und Erlösers von seinen historischen Traumata gefunden zu haben. Hört man in die, einem russischen Männerchor gleichenden, vielstimmigen und tiefen Gesänge der Vordenker und Ideologen des «Putinismus» nur etwas hinein, wird man, und nicht nur als ungläubiger Fremder, tatsächlich von einem metaphysischen Schwindel erfasst. Triumphalismus und Apokalyptik gehen darin eine Verbindung ein, wie man sie in solch potenter Verdichtung kaum irgendwo sonst finden wird.

17 Am ausführlichsten hat über die Rolle Ivan Iljins als eines postumen Ratgebers für Putin geschrieben: Snyder: The Road to Unfreedom, S. 15–35. – Einen Überblick über Iljin und seine literarische Tätigkeit bietet (in verehrendem Ton) die Website <//iljinru.tsygankov.ru>. Wesentliche Texte Iljins sind: Nacional-Socialism. Novyj duch, in: Vozroždenie (Paris), 17.5.1933. – O gradušćej Rossii: Čto est' gosudarstvo – korporacija ili učreždenie? (10.–17.1.1949).

18 William Huntington: The Clash of Civilizations and the Remaking of World Orders, New York 1996.

Interventionsverbote für westliche Einflüsse

In verdünnter Form haben alle diese Phantasmen in die 2013 beschlossene außenpolitische Doktrin der Russischen Föderation Eingang gefunden, in der festgestellt wurde, dass isolierte Einzelstaaten oder lose Staatenverbünde wie die Europäische Union in den «globalen Turbulenzen» der Gegenwart keine Zukunft mehr hätten. Vielmehr: «Der globale Wettbewerb braucht zum ersten Mal in der neueren Geschichte eine zivilisatorische Dimension.» Der von William Huntington vor Jahren in einem eher defensiven, tendenziell isolationistischen Sinne konstatierte «Clash of Civilizations» wurde hier Dogma und Programm.[18] Deshalb, hieß es weiter, dürfe die von Russland geführte «Eurasische Union» mit Weißrussland und Kasachstan (der die Ukraine sich mit dem Maidan verweigerte) keinesfalls bei wirtschaftlichen Zielen stehenbleiben, sondern sie müsse sich im Zeichen der Abwehr fremder westlicher Ideen zu einer Union gemeinsamer konservativer Werte weiterentwickeln. Als vorrangige Aufgabe galt in diesem Zusammenhang die Ausschaltung aller Einflüsse, die die hergebrachten Familien- und Geschlechterbeziehungen zu unterminieren suchten, wie insbesondere die aus Europa und Amerika importierte «LGBTQ-Propaganda».

Natürlich liegt der pseudoreligiöse Charakter dieser ideologischen und moralischen Zurüstungen offen zutage, allein schon beim Blick auf den opulenten und alles andere als sittlichen Lebensstil Putins und der ihn umgebenden Machtelite, wie er in dem von Nawalny medienwirksam vorgeführten «Palast» als einer Orgie von monströsem Protz, schlechtem Geschmack und völliger Dysfunktionalität ein sinnträchtiges Monument gefunden hat.

Parallelen zum christlich-fundamentalistischen Pseudo-Konservativismus der US-Republikaner in der Ära Trump, zum luxurierenden Islamismus und Pseudo-Konservativismus der saudischen und emiratischen Herrscher oder auch zu den neoosmanischen Phantasiewelten eines Recep Erdoğan bieten sich an. Und natürlich müssen die eurasisch-orthodoxen Ideologen des Putinismus auch mit dem hybriden geschichtstheologischen Exzeptionalismus der chinesischen Kommunisten in der Ära Xis Schritt halten.

Erhellender als rein typisierende Betrachtungen – die etwa dazu führen, das Regime Putins nach ideologischen und politologischen Kriterien als «Faschismus» zu bezeichnen – bleibt es, diese jeweiligen Totalisierungen und ideologischen Evolutionen als Teil und Ausdruck der inneren, aber mehr noch der weltpolitischen Konflikte zu beschreiben, heute wie damals.

Die Logiken totaler Mobilmachung

So konträr die ideologischen und politischen Selbstbezeichnungen und das Gepräge der jeweiligen, an ganz bestimmte Länder und Nationen gebundenen Regimes und Systeme auch gewesen sind – hier italienischer Faschismus, japanischer Militarismus oder deutscher Nationalsozialismus, dort russländisch-multinationaler Bolschewismus und internationaler Kommunismus –, sie alle waren mehr oder weniger Produkte der totalen Mobilmachungen beider Weltkriege und daraus hervorgegangener Mächtekonstellationen. Sie alle sahen sich auf ihre jeweilige Weise als Herausforderer der scheinbar siegreichen und angeblich die Welt dominierenden europäisch-atlantisch, bürgerlich-kapitalistisch und demokratisch-pluralistisch geprägten Welt eines «Westens», den es als politische Einheit wenn überhaupt nur zeitweise und bedingt gegeben hat, während sie gleichzeitig untereinander in tiefe Konflikte verstrickt waren oder sich gegenseitig zu kannibalisieren versuchten.

Mao wie Deng haben häufiger, mal spöttisch, mal auch ganz ernsthaft betont, was sie ihrem Todfeind Japan zu verdanken hatten – als Vermittler westlicher Theorien und Technologien, aber auch durch alle Kriege, Okkupationen und Konfrontationen hindurch, in denen sie an ihrem Gegner Maß genommen und gelernt haben, um ihn als Vormacht Ostasiens und pazifischen Herausforderer der US-Hegemonie schließlich direkt zu beerben.

In einer ganz ähnlichen, allerdings weniger einseitigen, viel komplexeren Weise ließe sich die Geschichte der gegenseitigen Beeinflussungen und Konfrontationen des Deutschen und des Russländischen Reiches beschreiben. In meinem Buch *Der Russland-Komplex* von 2005 habe ich diesem Konnex nachzuspüren gesucht. Mindestens so interessant wäre der komplementäre «deutsche Komplex» auf russischer Seite. Jenseits der bekannteren Kapitel von Prussia et Russia, von Tauroggen und Bismarck, von Lenins deutschen Fixierungen, von Brest und Rapallo, von Reichswehr und Roter Armee wären die eher noch im Schatten liegenden, verborgeneren Wege und Lineaturen zu rekonstruieren, in denen Stalins Sowjetunion und Hitlers Drittes Reich sich in Krieg und Frieden gegenseitig vorwärtsgepeitscht, aneinander Maß genommen, voneinander gelernt oder sich sogar osmotisch durchdrungen haben.

In Wassili Grossmans in der Zeit der Antikosmopolitismus- und Antizionismus-Kampagnen der letzten Stalinjahre insgeheim verfasstem Romanepos *Leben und Schicksal* wird dieses unheimliche Gefühl bis zu der Andeutung getrieben, die Sowjetunion könnte in der existenziellen Konfrontation dieses Lebensraum- und Versklavungskriegs und in der Hölle der Massenausrottungen und Völkerverschiebungen selbst Züge eines eigenen, russischen National-Sozialismus angenommen haben.[19]

Das sind alles nur Hypothesen und Anmerkungen, um zu verstehen, warum nach der von Putin beschworenen «größten geopolitischen Katastrophe des 20. Jahrhunderts», dem Zerfall der Sowjetunion als der letzten, super-imperialen Hülle Russlands, die Figur Stalins in vielen Umfragen wieder als die «bedeutungsvollste Gestalt der russischen Geschichte» die Bühne betreten hat, und mit ihm unvermeidlich auch seine schattenhafte Gegenfigur Hitler, ohne den er tatsächlich niemals auf die geschichtliche Höhe katapultiert worden wäre, auf der er 1945 stand.

Stalin hatte seine guten Gründe, das Epithet «Nationalsozialismus» zu verpönen und es durch einen beliebig erweiterbaren Kampfbegriff des «Faschismus» zu ersetzen. In späteren Sowjetzeiten ist «Faschismus» mit «Nazismus» synonym gesetzt worden und hat sich zugleich von allen ursprünglichen Bedeutungen völlig gelöst. Wenn jetzt von einem «Nürnberger Tribunal» gegen die «Nazi-Junta» in Kiew gesprochen wird, die vom «Komiker Selenskyj» angeführt werde – der (nach Auskunft Außenminister Lawrows) zwar jüdisches Blut in den Adern habe, aber so wie Hitler ja wohl auch … –, dann hat er damit nur in den Schmiertopf einer jahrzehntelangen sowjetischen Propaganda gegriffen, mit der er wie Putin schließlich groß geworden ist: Als in den sowjetischen Karikaturen der Nachkriegsjahrzehnte nicht nur die

19 Wassili Grossman: Leben und Schicksal, Berlin 2007.

US- und NATO-Generäle, sondern auch die israelischen Panzerkommandanten SS-Runen auf den Helmen trugen, während die westlichen Monopolkapitalisten oder die «wurzellosen Kosmopoliten» den *Stürmer*-Karikaturen des «Weltjuden» verblüffend ähnelten. Aber auch die Aufständischen und Abtrünnigen in Ostberlin und Budapest, Prag oder Danzig erhielten regelmäßig das Stigma einer Nazibande aufgedrückt, die vom «Zionismus» instrumentiert werde, der selbst nur eine Form des Faschismus oder Nazismus sei. Und nicht anders erging es den sowjetischen Dissidenten und in jüngerer Zeit dann eben den Kämpfern auf dem Maidan in Kiew.[20]

In dieser Nacht, in der alle Katzen braun sind, bringt es daher nur begrenzten Gewinn, wenn man umgekehrt das Putin-Regime als faschistisch oder selbst als nazistisch qualifiziert, statt es mit seinen modern-archaischen Formen einer Kriegführung und seinen plumpen, jeden Menschenverstand beleidigenden Suaden als einen scheußlichen Hybriden zu charakterisieren, der die Gehässigkeiten und Gemeinheiten so ziemlich aller historischen Formationen vor und neben ihm neu synthetisiert.

Schafft man es dagegen, sich von der morbiden Suggestion zu lösen, die von dem giftigen, alle Sinne und alle Gedanken lähmenden Strom von Bildern sinnloser Zerstörungen und von brutalen Hassreden ausgeht, hört und schaut man stattdessen zu, wie der Gegenpart des großen Zampano Wladimir, der kleine Comedian Wolodymir, jeden Abend per Video mit gefasstem Ernst als Kriegspräsident wider Willen zu seinen Leuten und zu uns allen spricht – dann verschwimmen ältere Bildsequenzen, in denen er als Steptänzer aufgetreten ist, bevor er zum Präsidenten gewählt wurde, mit denen Charlys, wie er einst als vexatorischer Doppelgänger des «Großen Diktators» Hynkel tanzend mit der Weltkugel gespielt und alle Schrecken für einen Moment in befreites Gelächter aufgelöst hat – leider nur im Kino.

20 Vgl. Mischa Gabowitsch: Von «Faschisten» und «Nazis». Russlands Geschichtspolitik und der Angriff auf die Ukraine, in: Blätter für deutsche und internationale Politik, Heft 5'22, S. 55–62.

Denkbild

MARTINA BALEVA

«Was bei uns in Wirklichkeit passiert»

Ebenbilder einer Fotografie auf Facebook

«Ich habe mich dazu entschlossen, darüber zu sprechen, damit die Menschen wissen, was bei uns in Wirklichkeit passiert. Ich lasse mich auf das Interview ein, damit alle sehen und wissen, dass bei uns die Menschen erschossen, vergewaltigt werden, dass Schreckliches passiert.» Das Interview mit Alina Kukina liegt schon einige Wochen zurück. Über Stunden hat sich die 35-Jährige durch ihre Geschichte gequält. Was sie erzählt, bewegt einen noch im Schnitt. Am 3. März versuchte die Familie, aus einem Datschenvorort über die Schytomyr Autobahn kurz vor Kiew zu fliehen. Ehemann Oleksandr starb im Kugelhagel, Alina und ihre siebenjährige Tochter wurden von russischen Soldaten angeschossen. Heute leben Mutter und Tochter in Radebeul, wo sie auf engagierte Helfer zählen können.

Mit diesen teils vom ukrainischen Kriegsopfer selbst entlehnten Worten kommentierte der deutsche Journalist Arndt Ginzel drei Bilder, die er am 29. Juni 2022 auf Facebook postete.[1] Zu sehen ist auf dem zentralen Foto *(links)* – eingerahmt in einem digital produzierten Vorher-nachher-Triptychon des Schicksals einer jungen Familie im Krieg – die zitierte und im Kommentar

1 Link zum Post: https://www.facebook.com/arndt.ginzel.9/posts/pfbid02KSvdKtSRrfv1doxTvzr89gPWzzVT2UdBPvKqYSqtc2gJPkwRJjQ3cjAS2GEDUJbRl, Zugriff am 10. August 2022.

Abb. 1
Alina Kukina und ihre Tochter. Mit einem Foto der Familie Kukina vor dem Krieg und dem Röntgenbild einer Schussverletzung (mit Projektil). Facebook-Post von Arndt Ginzel, 29. Juni 2022.

namentlich genannte Alina Kukina in schwarzer Freizeitkleidung und ihre siebenjährige Tochter in gemustertem Sommerkleid, wie sie ihre frisch vernarbten Wunden entblößen, um sie der Kamera entgegenzuhalten *(Abb. 1)*. Die Narbe des Mädchens ist kaum erkennbar, diejenigen ihrer Mutter setzen sich im Schulterbereich durch das kräftige Rot drastisch von der weißen Haut ab, sind am Handrücken etwas blasser, jedoch genauso verstörend in ihrer Wirkung.

Der erläuternde Text, das Bild selbst, dazu noch deren Motiv

Abb. 2
«Das Leiden von Zaimé betrachten». Pascal Sébah, Fotografie Nr. 10, aus der Fotoserie der «russischen Greuel», Istanbul, 1877, 16,4 × 10,8 cm (Untersatzkarton), 14,2 × 10,3 cm (Abzug). Auf der Rückseite mit Tintenfeder: «Les victimes des atrocités commises par les Russes».

und Duktus erinnerten mich prompt an die erschreckenden Fotos von einem anderen und viel älteren Angriffskrieg, den das Russische Reich gegen die Osmanen in den fernen Jahren 1877/78 geführt hat. Auch jene Bilder zeigen aus dem Kriegsgebiet geflohene Zivilisten, mehrheitlich Frauen und Kinder, die ihre gerade vernarbten Wunden für die Fotokamera enthüllen.[2] Und auch jene geben dokumentarisch Auskunft: über die Namen der fotografierten Personen, ihren Herkunftsort, das Alter, die Art der Verletzung und gelegentlich darüber, wie diese zugefügt wurde. So gibt etwa die mit der Nummer 10 ausgewiesene Fotografie Informationen über Zaimé, 23 Jahre alt, aus Hidir-Bey, nahe Eski Zagra, Mutter von drei Kindern, mit Verletzungen am Unterleib, die die direkt in die Kamera dreinblickende Frau als noch klaffende Narben am Oberschenkel und im Schambereich entblößt *(Abb. 2)*.

2 Über diese Fotografien schrieb ich einen Aufsatz, in dem mich vor allem die ikonografische Rückbindung der fotografischen Inszenierungen an die christlichen Pathosformeln wie den Wunden Jesu interessierte. Vgl. Martina Baleva: Das Imperium schlägt zurück. Bilderschlachten und Bilderfronten im Russisch-Osmanischen Krieg 1877–1878, in: dies./Ingeborg Reichle/Oliver Lerone Schultz (Hgg.): Image Match. Visueller Transfer, «Imagescapes» und Intervisualität in globalen Bildkulturen, München 2012, S. 87–108.

Diese historischen Aufnahmen gehören zu den frühesten Beispielen von Fotografien, die explizit Wunden oder Narben auf den Körpern von namentlich genannten Geflüchteten vor einem Krieg zeigen. Sie sind auch früheste Beispiele dafür, was Susan Sontag in ihrem kanonisch gewordenen Essay *Das Leiden anderer betrachten* dem Betrachten von Kriegsfotografien in seiner ganzen Ambivalenz – vom Entsetzen über das Mitgefühl bis zum Voyeurismus – als Aufgabe zuwies: An die Empathie für die Opfer von Kriegen zu appellieren und die Betrachter zum Handeln zu bewegen, bestenfalls, um einen Krieg zu stoppen.[3] Sontag unterscheidet allerdings zwischen Fotografien, die anonyme Kriegsopfer zeigen, und solchen, die durch Erläuterungen kenntlich gemacht werden und damit eine Identität erlangen: «Wo es darum geht, den Krieg als solchen zu verurteilen, sind Informationen darüber, wer wann wo was getan hat, nicht erforderlich; das willkürliche, gnadenlose Gemetzel ist Aussage genug. Doch wer davon überzeugt ist, dass das Recht auf einer Seite, das Unrecht und Unterdrückung aber auf der anderen Seite zu finden sind und dass der Kampf fortgesetzt werden muss, für den kommt es darauf an, wer von wem getötet wird.»[4] Kriegsfotografien sind also auch stets Argumente – für oder wider einen Krieg, für oder wider eine Partei.

Ähnlich wie von Sontag beschrieben, scheinen in der Tat die Beweggründe von Sultan Abdülhamid II. (reg. 1876–1909) gewesen zu sein, als er mitten im Krieg gegen die Russen jene Serie von insgesamt 31 Fotografien von muslimischen Überlebenden der «atrocités commises par les Russes», darunter die erwähnte Zaimé, in Auftrag gab und diese anschließend an sämtliche europäische Regierungen verschicken ließ – mit der Absicht, das Mitleid des europäischen, vor allem christlichen Auslands für seine muslimischen Untertanen zu erregen und so militärischen Beistand zu erhalten. Bis auf zwei Fotografien einer verstümmelten Frau namens Elif, die der handschriftlichen Erläuterung auf dem Bildrücken zufolge ihren Unterarm und einen Teil des Schädels durch einen von russischer Hand verübten Hieb verloren haben soll, zeigen die anderen 29 Fotos jeweils unterschiedliche Personen, deren Gemeinsamkeit in der expliziten Zurschaustellung ihrer zum Teil noch unverheilten Wunden liegt. Jede Fotografie

3 «Fotos von einer Greueltat können gegensätzliche Reaktionen hervorrufen. Den Ruf nach Frieden. Den Schrei nach Rache. Oder einfach das dumpfe, ständig mit neuen fotografischen Informationen versorgte Bewusstsein, dass immer wieder Schreckliches geschieht.» Susan Sontag: Das Leiden anderer betrachten, Frankfurt/M. 2005, S. 20.

4 Ebd., S. 16.

trägt eine Nummer, die direkt auf der Fotoplatte eingraviert wurde, vermutlich um als Orientierung für die spätere Beschriftungen der Abzüge zu dienen. Die Beschriftungen sind mit schwarzer Tinte auf der Rückseite der Bilder in französischer Sprache verfasst worden. Neben der ausnahmslos auf allen Fotos vorkommenden Zeile «Les victimes des atrocités commises par les Russes» («Die Opfer der von den Russen begangenen Massaker») werden jeweils der Name, das Alter, der Wohnort und die Wundenart der fotografierten Person ausgewiesen.

Überliefert ist eine solche Fotoserie im Politischen Archiv des Auswärtigen Amtes, Berlin, samt Begleitschreiben des damaligen deutschen Botschafters in Konstantinopel Prinz Heinrich von Reuss, der die Fotos entgegennahm, an Außenminister Bernhard von Bülow.[5] Das Schreiben von Reuss gibt Auskunft darüber, wie die Fotografien in diplomatischen Kreisen wahrgenommen wurden, und macht deutlich, dass zumindest in einem vom Sultan beabsichtigten Punkt die Gräuelbilder ihre Wirkung nicht verfehlt haben. Immerhin berichtet der Botschafter dem Minister, dass er gegenüber seinem osmanischen Amtskollegen seine Betroffenheit durch das auf den Fotos Dokumentierte bekundet habe. Im selben Zuge jedoch habe er den Osmanen übermittelt, dass eine militärische Unterstützung seitens des Kaiserreiches abschlägig entschieden worden sei. Ähnliche Reaktionen dürften auch von den diplomatischen Kabinetten der anderen europäischen Adressaten verlautbart worden sein, womit die Fotos – zumindest für die Diplomatie – ad acta gelegt wurden.

Im Russisch-Osmanischen Krieg von 1877/78 standen die Sympathien Europas, anders als im gegenwärtigen Angriffskrieg in der Ukraine, mehrheitlich auf Seiten Russlands. Die illustrierten Zeitschriften in London, Paris und Wien überboten sich mit der Veröffentlichung von schreckenerregenden Kriegsbildern, in denen Freund und Feind, Opfer und Täter deutlich voneinander zu unterscheiden waren.[6] In diesen naturtreu anmutenden Kriegsbildern waren die Leidtragenden meist christlich-orthodoxe Zivilisten, während die Täter stets als «Türken», ergo muslimische Osmanen, apostrophiert wurden. Umso mehr bemühte sich Abdülhamid II., ein notorischer Leser der europäischen Presse und ein Liebhaber, Mäzen und Sammler von Fotografie, dem

5 Acta betreffend den Krieg zwischen Russland und der Türkei. Die Grausamkeiten in der Kriegsführung, Bd. 2. PA AA, R 12818.

6 Ausführlich dazu Martina Baleva: Bulgarien im Bild. Die Erfindung von Nationen auf dem Balkan in der Kunst des 19. Jahrhunderts, Wien/Köln/Weimar 2012.

Abb. 3
Die «türkische Seite». Zeichnung von Noyrac nach den Fotografien der Serie von Sébah – Holzstich. Le Monde Illustré, 17. November 1877.

Negativimage der muslimischen Bevölkerung etwas entgegenzusetzen. Die bei einem der berühmtesten osmanischen Fotografen seiner Zeit, Pascal Sébah, in Auftrag gegebene Bilderserie markiert den Beginn dieser Bemühungen um ein empathisches Gegenbild, das der Sultan vor allem mit Hilfe von Fotografien zu entwerfen versuchte: das Bild vom muslimischen Leid, mithin vom Leid des Anderen.

Einen letzten und letztlich vergeblichen Versuch, mit den Fotos von den osmanischen Kriegsopfern an ein breiteres ausländisches Publikum und dessen Zustimmung für militärische Hilfe zu appellieren, bevor sie dem Vergessen überantwortet werden sollten, wurde von der in Frankreich erscheinenden illustrierten

Wochenzeitschrift *Le Monde Illustré* unternommen.[7] Fotografien konnten zwar noch nicht massenhaft abgedruckt werden, da die dafür notwendige Reproduktionstechnik zu diesem Zeitpunkt noch in den Kinderschuhen steckte. Dafür hatte man seit Gründung der ersten illustrierten Blätter in den 1840er Jahren an der Perfektionierung einer anderen Reproduktionstechnik, die des Holzstichs, gearbeitet, der der illustrierten Presse und unserem Geschichtsbild vom 19. Jahrhundert nicht nur ihren unverwechselbaren visuellen Charakter verliehen hat, sondern sich durch seine Präzision gerade für die Wiedergabe von fotografisch gefertigten Bildern ideal eignete. Fotografische Bildnisse waren besonders beliebte Motive in der illustrierten Presseindustrie, die wiederum gern auf ihre fotografischen Vorlagen verwies, um sich gegen den Vorwurf der handgefertigten Fiktion ihrer Bilder zu wappnen. So geschehen auch mit den Belegen der «russischen Greuel» in *Le Monde Illustré*, wo 19 Fotografien aus der Serie von Sébah als Vorlage für einen Holzstich dienten. Unter dem Titel «Die Opfer der Kämpfe von Eski Zagra im Krankenhaus von Adrianopel» entwarf der zeichnende Korrespondent der Zeitschrift («Noyrac») in Konstantinopel in einer eigenen Bildkomposition eine fiktive Zusammenkunft der fotografierten Geflüchteten, die sich alle mühelos identifizieren lassen *(Abb. 3)*. Am rechten Bildrand ist die erwähnte verstümmelte Frau namens Elif zu sehen, die spiegelverkehrt (wie viele andere Fotos der Serie), jedoch präzise in den Holzstich übertragen wurde. Die Fotografie der 23-jährigen Zaimé benutzte der Zeichner indes für die Gestaltung des Bildhintergrundes, wo die schemenhafte und ihren versehrten Schambereich entblößende Frau aber nicht im Geringsten die verstörende Wirkung zu erreichen vermag, die von ihrem Foto ausgeht.

Die Darstellung von im Hof eines Krankenhauses dicht gedrängten Menschen lässt allenfalls erahnen, dass es sich um verwundete und verstümmelte Kriegsopfer handelt. Und auch ihre gemeinsame Identität ist kaum auszumachen. Lediglich die von Kopftüchern verhüllten Gesichter der beiden Frauen links im Bild sowie die in Klammern gesetzte Sentenz – «türkische Seite» – in der Bildunterschrift verorten die Szene in einen annähernd eindeutigen Kontext. Durch das regungslose, ja apathische Verhar-

7 Frankreich unterhielt traditionell gute Beziehungen zum Osmanischen Reich und es ist durchaus denkbar, dass die Illustration auf Betreiben der Diplomatie oder des Staates in der Zeitschrift erschien, auch wenn viel zu spät und mehrere Monate nach dem Massaker in Eski Zagra, das sich im August 1877 ereignete.

ren der Bildprotagonisten evoziert die Illustration nicht Mitleid, sondern lädt zur Gleichgültigkeit ein. Fünf Monate nach Erscheinen des Bildes siegte Russland über das Osmanische Reich ohne auswärtigen Beistand – weder auf der einen noch auf der anderen Seite. Die Opferbilanz des Krieges allein in Eski Zagra belief sich auf etwa 20 000 tote Zivilisten.

Der Facebook-Post mit dem Foto einer ukrainischen Familie im Krieg verzeichnete – Anfang August 2022 – 830 Klicks, wurde 156-mal geteilt und 48-mal kommentiert. Die Kommentare reichen im emotionalen Register von Empörung, Traurigkeit über Mitleid und Wut bis Kritik an vermeintlich gefälschten Kriegsbildern. Allen Kommentaren ist aber das Gefühl der Ohnmacht und Hilflosigkeit gemeinsam, das sich beim Betrachten des Leidens der Familie Kukina, der narbengezeichneten Mutter wie Tochter, einstellt. Wie und ob solche Gräuelbilder heute in Europa auf politische Entscheidungssstrukturen einwirken, welche Reaktionen sie jenseits diplomatischer Zurkenntnisnahme hervorrufen, bleibt weiterhin offen.

Bildnachweis: Abb. 1: © Journalistenbüro Ginzel Kraushaar Datt. Mit Dank für die Erlaubnis, das Foto zeigen zu dürfen. – Abb. 2: Politisches Archiv des Auswärtigen Amtes, Berlin, R 12818. – Abb. 3: Le Monde Illustré 21, Nr. 1075, 17. November 1877, S. 301.

Friedrich A. Kittler

Neuntöter

«To out-herod Herod»
Hamlet III,2

Mondsichel über Panzerkreuzer, kurz vor der Geisterstunde, Ende April, Torstraße 44, auf der Terrasse eines großen deutschen Verlages, Berlin-Mitte zu Füßen, Klirren letzter geleerter Weingläser – im Schatten eines Gespräches über die Farbe Grau und leuchtender Displays, auf denen erste Exegesen des am nächsten Tag in der SZ erscheinenden Ukraine-Essays des Hausphilosophen gehalten werden, wird der Redaktion aus einer Sakko-Tasche ein Kassiber mit Kopien aus alter Zeit zugespielt: «Neuntöter» – eine unveröffentlichte Mördergeschichte des 2011 verstorbenen Literaturwissenschaftlers Friedrich Kittler. Eva Horn hat den frühen Kittler-Krimi ediert und kommentiert. Und Hubert Winkels erinnert sich an eine verwehte Zeit und einen Text, der so gut wie verloren schien. (red.)

«Mehr verborgen als enthüllt von einer scharfkantigen Mondsichel, eben im ersten Viertel, frierend im Labyrinth zuckender Eibenschatten, des Kommenden gewärtig unter den Schreien der schwarzen Vögel, vom Tagesgestirn (in den Fischen, dem Haus geheimer Feinde) verlassen, eingebettet ins Nebelgeschiebe der Nacht; knackende Zweige, Stundenschläge vom nahen Kirchturm herüber; und beim zwölften Schlag, dem Schlag, der alles verwandelt, die Gewissheit, nicht mehr allein zu sein, der Zwang, in jeder Paarung von Schimmer und Schatten, in jedem der Spiele, die Zweifel und Wagemut veranstalten, ein Gesicht, eine Maske zu sehen; die Angst. Die Nacht schritt einher in den Farben Saturns. Mars, Planet der Zwietracht, stand hoch am Himmel. Der Nachhall der Glocken schwand und verbarg sich unter den Lauten der Stille; eine Fledermaus, kaum Fledermaus, schwirrte vorbei; Richard de Clerday, getroffen, schrie auf und zog im Fallen noch den Abzug seiner Pistole durch; der Knall zweier Schüsse floh durch den Park, und die ehrwürdigen Mauern des Schlosses, in dem die falschen Grafen hausten, vielleicht auch der Dichter verkehrte, die Zinnen und Wehrtürme sandten ein Echo zurück, das erstarb. Unter der Eibe an der Wegegabelung, hunderteinundneunzig Schritt vom Parktor entfernt, in hilfloser Angst verblutete einer. Der Mörder entkam ungesehen in die Nacht.»

So endete, in einer wortreichen und zweideutigen Mischung aus Shakespeare-Nächten und Walter-Scott-Inventar, der Kriminalroman «Meeting The Challenge» von Patrick O'Brien. Der Verfasser, selbst benommen von seiner furchtlosen Bildsprache, schloss das Exemplar, in dem er geblättert hatte, und warf noch einen Blick auf die steil-schwarzen Mauern, den silbernen Mond und die eingeblendete Pistole unter der Glanzfolienkaschierung –: harmlose Grausamkeit zu drei Shilling Sixpence. Sein Irengesicht, müde, wandelbar, von Abenteuern gezeichnet und Alkohol, überflog eine bittere Befriedigung: Die verborgenen Koordinaten der Handlung waren exakt eingetragen, all derer, die sie dechiffrieren wollten, gewärtig. Dann trug er Autorenexemplare auf das zweitnächste Postamt.

Anfang Januar 1959 erschien «Meeting The Challenge» als Taschenbuch in den Auslagen vereinzelter Bahnhofsstände und Buchhandlungen, wie ihm vorausbestimmt schien, fast erdrückt von der Unzahl gleichzeitiger Abwandlungen des Dreiecks Verbrecher Opfer Detektiv. Die Kritik war dem Roman – sein Verfasser hätte es wissen sollen – nicht gerade geneigt. Vor allem ging ihm, wie Philip A. Murchinson vom «Observer» rechtens feststellte, die «Dichte des Selbsterlebten» ab: ein Vorzug, den die Kritik gerade O'Briens sieben vorausgegangenen Romanen einmütig zuerkannt hatte. Zwar verzichtete O'Brien in der ihn auszeichnenden Weise auch diesmal auf die Göttergestalt des allwissenden allgegenwärtigen Detektivs, doch kam das nicht, wie sonst, der psychologischen Vertiefung zugute. Zwei Kritiker meinten überdies, eine gewisse Gehässigkeit beklagen zu müssen.

Der Handlungsvorwurf war mager: Unter dem Vorwand einer Erpressung wird Richard de Clerday, Londoner und Amateurdetektiv, von seinem geduldigen Verfolger in den Park eines ungenannten Schlosses verlockt und ermordet. Während so die Topographie des Geschehens ins Allgemeine zu verschwimmen scheint, werden je und je die Tageszeit, der Stand von Sonne und Mond (wenngleich ohne Monats- oder Jahresdaten) akribisch bemerkt. Die letzten Seiten zumal durchzieht ein vertracktes Gespinst astrologischer und astronomischer Einzelheiten; selbst eine partielle Mondfinsternis (ganz unwesentlich, da sie erst eine Woche nach Ende der erzählten Zeit statthaben wird) wirft ihre Schatten, wird erwähnt. Mindestens ebenso einlässlich ist das Opfer geschildert. Der Leser meint de Clerday in all seinen Besonderheiten zu erleben: einen Mann von etwa fünfunddreissig Jahren, ehrgeizig und schnell im Verdächtigen, so begabt wie wortgewandt, zuzeiten bebrillt, zuzeiten – was gründlich beschrieben wird – hemmungslos und ausschweifend im Verkehr mit Frauen, braunhaarig, Nichtraucher, Gourmet, Leser zahlloser Kriminalromane und, obwohl oder gerade weil kriminalistisch versiert, in seinem Geschäftsgebaren nicht immer lauter. (Eben dies gerät ihm zur Falle.) Schon seit Jahren hat er den Erpresser im Verdacht, Erpresser zu sein, ohne ihm das streng nachweisen zu können; um so willkommener ist Richard de Clerday die Verabredung unter Tierkreiszeichen und Mondphasen (von der man nicht erfährt, wie sie zustande kam); vorsorglich mit einer Pistole gewaffnet, verfügt er sich in den Park jenes Schlosses, birgt sich dort, bis am Abend die Pforte für Besucher schliesst, und bezieht, des Kommenden gewärtig, seinen Posten unter der Eibe. Wie kurzschlüssig allerdings seine Mutmassungen, auch die kühnsten, waren: dass Erpressung eine Larve vor Mord ist, erfährt er erst verblutend. Mit dem letzten Augenblick nimmt er die Maske des Anderen wahr: schwarz, vor unergründlichen Augenhöhlen, ins Dunkel gleitend, während über die Maske, die er selbst auf Geheiss seines Mörders trägt, klebriges Blut rinnt. Die partielle Mondfinsternis wird er nicht mehr nicht sehen ...

1

Wenn der Tod durch die Jahre geht, geduldig und zwecklos, sich durch Masken nennend, durch Nennen maskierend, wenn er seine Gründe alle abstreift ausser dem einen, der unstillbaren Gier nach Blut, muss man die Herausforderung annehmen. Zu spät gekommen vor einem Jahr, als das Mädchen verblutete in hilfloser Angst; um Stunden nur zu spät, aber zu spät. Immer ist der

Täter den Verfolgern gegenüber im Vorteil. Unglaube leistet dem Verbrechen nur Vorschub. Blutige Spuren auf dem halben Erdteil hinterlassen (der Druckerschwärze gleich, die den Autor verbirgt) –: und keiner, der in ihnen Spuren oder gar Zusammenhänge erblickt hätte. Immer wieder feierlich in Szene gesetzt: der Tod, ungeschminkt und nackt, wie er dann Gestalt annahm in Worten.

Gelassen, würdevoll flambierte der Ober sein Steak. Die Flammen warfen unstet-bläuliche Lichter auf das Porzellan, auf die Glanzfolienkaschierung. Hitzewellen stiegen empor, die Brille beschlug ihm. Ein Duft von altem Cognac, das Bouquet seines Burgunders, dazu die heissen Dünste der pommes dauphines und der Nachgeschmack seines Apéritif, alles fügte sich ineins. Die Clubräume waren still; er tafelte allein. Im Wandspiegel schräg gegenüber sah Clark Adderley sein Gesicht, seine unberingten Hände, die steten Wiederholungen von Messer und Gabel: der Anblick kam ihm auswechselbar vor. Dann, nach dem Dessert, brachte ihm ein Kellner – unbewegt, wie absonderlich sein Verlangen auch geklungen haben musste – die Almanache, Jahrgang auf Jahrgang, die Ernte eines Jahrfünfts. Clark Adderley wischte Hände und Mundwinkel sorgsam an der Serviette ab; er begann zu blättern. Zu seinem Glück waren die Kalendarien auch den Horoskopgläubigen gewogen. Vom 19.Februar bis zum 20.März hause die Sonne im Zeichen der Fische, Jupiter und dem wässrigen Trigon zugehörig, erfuhr Mr. Adderley, der ab und zu einen Schluck von seinem Cointreau nahm. So hätte die Eklipse, eine Woche darauf, denn irgendwann zwischen Ende Februar und Ende März stattgefunden; immer vorausgesetzt, seine Voraussetzung, die Wahrheit, stimmte. Blätternd, auf der Suche nach jenem Punkt, der an beiden, Erfindung wie Wirklichkeit, teilhat, durchflog er die Jahre.

1958–: im angenommenen Zeitraum von partiellen Mondfinsternissen eine Rede; 1957 –: ebenfalls nicht; 1956 und 55 –: desgleichen. Adderley wiederholte die Suche: mit demselben Misserfolg. Solcher Unstimmigkeiten war er nicht gewärtig gewesen; mehr aus Laune und Spielerei (hinter denen sich Ratlosigkeit verbarg) versuchte er es einmal mit dem Jahr 1959 selbst –: und tatsächlich, für den 24. März sagte ein schwarzer Kreis im Kalender allen Ernstes Mondfinsternis voraus. Sonne, Erde und Mond befinden sich auf einer Geraden; der riesige Schatten des Planeten, an dem die Physikbücher immer so deutlich einen Kern- und einen Halbschatten scheiden, trifft auf den Trabanten. Es war nicht zu begreifen. Unwillkürlich wandten sich seine Augen zum Fenster: Noch immer lag draussen schmutziger, von Wagenrädern plattgewalzter, mit Viehsalz und Schotter befleckter Schnee, noch immer hauste der Januar frostig in London. (Der Andere würde wohl verschlüsseln: «Noch immer stand die Sonne im saturnergebenen Steinbock.») Es gab nur eine Deutung zu wagen: Wenn überhaupt in wirklicher Zeit, dann spielt der Roman diesmal in der Zukunft. Adderley fiel ein Grieche namens Thales ein, und plötzlich überkam ihn sein altes Jagdfieber: Denn dann muss auch die Nacht des Sichelmondes und der blutigen Maske eine vorausbestimmte sein, datiert durch das Mondviertel, gestundet vom Glockengeläut der Kirche. Es ist (wie das Kalendarium weiss) die Mitternacht vom 17. zum 18. März 1959. Adderley begriff: der aufgetragene Symbolismus des letzten Kapitels war so unschuldig und überflüssig nicht, wie er sich gab. Gerade die Mystifikation hatte ihn zum Nachforschen gereizt und auf die Spur gebracht. Nun wusste er

Bescheid: Unter Eibenschatten und Schattenspielen wartet der Tod, der ein zukünftiger ist. Nur der Wind, die Wolken und der Name des Opfers stehen nicht in den Sternen.

2

Unsäglich langsam wucherte der Verdacht, unendlich zögernd gaben die Blätter ihre Hinweise preis, unbestimmt bestimmt aber deutete alles auf die Gewissheit hin. Engländer, braunhaarig, Nichtraucher, schräge Backenknochen, Jahrgang 1924 (im September, als Jungfrau, war er geboren) –: einzeln sind solche Merkmale noch nicht charakterisierend; nur dass ihre Häufung aus der Unzahl möglicher Romangestalten Zug um Zug ausschloss, der sich nicht ins Bild eines Mannes gefügt hätte, und dass dieser eine (bis auf den Namen) einem anderen glich, diese Einkreisung auf ein Spiegelbild stimmte ihn bedenklich. Mit sanfter Akribie entstand ein Portrait. Und dann waren wieder, sei's aus Versehen, sei's um abzulenken, diese durchaus abweichenden Züge in die Zeichnung geraten: die Brille beispielsweise, der Umgangsstil.

So blieb die krause Frage, ob «Meeting The Challenge» ein Schlüsselroman sei oder nicht, halbwegs in der Lektüre noch immer offen. Die ersten Seiten hatte Dick Terry überflogen wie andere Kriminalromane auch, etwas aufmerksamer nur gestimmt, weil er so grundlos ein Autorenexemplar erhalten hatte. Als jedoch die Feder das Bild des künftigen Opfers genauer und genauer umriss, wuchsen mit der Ähnlichkeit auch die Befürchtungen, mit den Befürchtungen die Furcht. Nicht genug, dass Richard de Clerday als ehrgeizig, begabt und wortgewandt geschildert wurde – Terry sah sich verdoppelt -; wer Bescheid wusste, den gemahnten auch seine Geschäftspraktiken bedenklich an gewisse Verfahren, die er selbst, nur ein wenig plumper, natürlich vor langer Zeit, aber immerhin, angewandt und schon verjährt, vergessen geglaubt hatte; und die Frauen, mit denen sich de Clerday abgab, ahmten bei ihren Ausschweifungen all die langen und schweissfeuchten Nächte nach, an die sich Dick Terry nur zu gut erinnerte; selbst ihre Namen im Roman klangen seinen Ohren unerklärlich vertraut. Terry stand vor den disparaten Elementen eines Rätsels. Er schäumte. Schliesslich versuchte er es mit lettristischen Spielen. Die Lösung der Rätselnamen erwies sich als beschämend einfach: Man hatte die Anagramme – denn das waren die seltsam vertrauten Buchstabengruppen im Roman – nur aufzulösen, und die Namen all jener Frauen schrieben sich nieder, fraglos und wie von selbst. In Klarschrift veröffentlicht, ein Skandal.– Nur am Namen des Opfers, Terrys Doppelgänger und Ebenbild, scheiterten seine Künste. Selbstredend bezog sich der Vorname Richard auf ihn; aber kein Buchstabentausch vermochte de Clerday in Terry zu überführen. Dennoch musste er gemeint sein, denn – Terry schlug im Adressbuch nach – kein Mensch in ganz London hiess so.

Als Terry den Roman ausgelesen hatte, kam er sich vor wie einer, dessen Spiegelbild scharfäugigen Schützen zur Zielscheibe dient. Die ausgesprochene Drohung, de Clerdays alias Terrys Vergehen und Ausschweifungen erpresserisch auszunutzen, und die unausgesprochene, Spiegel- und Urbild eines Tages gleichzusetzen, überboten einander an Bosheit. Mittlerweile hatte sich die Nacht breitgemacht; ein schwacher Randstrich Mond zeigte die schneeweissen Dächer. Kühle Luft kam vom Fensterbrett her. Terry suchte Bild und Lebenslauf des Verfassers auf der letzten Umschlagseite, wo sie sich üblicherweise befanden, und fand nichts. Unschlüssig lief er im Zimmer umher, einem kahlen Büroraum Whitechapels, der seiner mehr als zwielichtigen Detektivagentur zum Mittelpunkt diente. Er liess seine Blicke über die Rollschränke und Aktenordner wandern, deren Inhalte mehr Aufschluss über Terrys Methoden als über die Klienten selbst gaben; aber bevor er noch die Register nach einem Patrick O'Brien hatte suchen lassen, wusste er schon, dass ihn keine Auskunft erwartete. Der Name war ihm so eindeutig unbekannt wie Namen im Telephonbuch; es hatte keinen Sinn, sich zu den ausgefransten Rändern des Gedächtnisses vorzutasten, an denen einem Mann in seiner Stellung künftige Feinde schon schattenhaft bekannt sein sollten. Aber Terry konnte sich eine völlig grundlose und dabei so abgefeimte Bedrohung so wenig vorstellen, dass er widerwillig doch, auf der Kante des überhäuften Schreibtischs sitzend, Seite um Seite seiner Akten durchging. Vielleicht, sagte er sich, hatte es auch mit dem Namen O'Brien eine hintersinnige Bewandtnis. Der Aschenbecher quoll über; graue Aschenklümpchen fielen auf den Schreibtisch. Die zwei Bierflaschen, die Terry im Wandschrank gefunden hatte, waren längst getrunken. Aber was er las, führte nur unnütze Erinnerungsreihen herbei und jene einen Herzschlag lang dauernde Scham, die sich an unvergessliche Fehler haftet. Dann sprach er, unbewusst, mit halber Stimme.

Terry verbrachte eine Nacht mit seinem Problem. Am nächsten Morgen, übermüdet und hassend, setzte er sich auf Patrick O'Briens Fährte. Ein Revolver begleitete ihn.

3

Als Clark Adderley den Club verliess, hatte sich sein Hirn mit Romanzitaten, Tierkreissymbolik, Planetenumläufen und verschlüsselten Hinweisen gesättigt. Der halbgetaute Schnee auf dem Pflaster war schon wieder gefroren. Erleichtert nach dem schweren Essen atmete er die Januarkälte ein. Was eben noch Bedrohung und Herausforderung gewesen war, wurde wieder berechenbar und leicht: ein Spiel des Denkens. Eine Verabredung hatte er telephonisch abgesagt. Adderley nahm die Metro in Richtung Ealing und erreichte unter einer verschwindend dünnen Mondsichel, die Strassenlaternen und entgegenkommende Wagenscheinwerfer fast auslöschten, sein Apartment. Am schmalen, verhangenen Fenster der Bibliothek stand ein einzelner Ledersessel, einladend genug zur Nachtlektüre. Adderley ergab sich ihrer Magie, die alle Wirklichkeit ausser den Lettern aufsaugt und verzehrt. Noch einmal ging er an den Kriminalroman, las ihn, einen Bleistift bei der Hand, gründlich wie kaum je ein Buch. Was ihn zuvor befremdet und verstört hatte, vor allem jene unausdenkbar genauen Details, die sich gleichwohl keinem Ereignis der Vergangenheit und keiner Erinnerung verdankten –: all das hätte er jetzt selber formulieren können, so selbstverständlich war es unter der Voraussetzung, dass der Roman in der Zukunft spielte.

Und er erkannte, dass all die Rätsel nicht einer beliebigen Zukunft sondern der seinen gewärtig waren. Er, Clark Adderley, sollte sich selbst finden als lösende Lösung des ihm gestellten Rätsels. Das Schweigen seiner Bibliothek, die irren Laute der Kater im Vorgarten kamen aus einer anderen und anarchischen Welt, deren Ruf er überhörte; in seiner Wirklichkeit hingegen, so erfunden wie wirkend, walteten Ordnung, Symmetrie und Eindeutigkeit. Sie war begehbar geworden. Selbstredend benannte sich das scheinbar namenlose

Schloss – «Château d'If» hatte er es am Abend getauft – durch seine sinnig eingeflochtenen Attribute, selbstredend war der Name de Clerday trotz seines normannischen Klanges nichts als ein Anagramm seines eigenen (mit dem Anfangsbuchstaben seines Vornamens versetzt), selbstredend lagen der Schilderung dieses Opfers im wesentlichen sein Charakter und sein Leben zugrunde: von der Brille über den Beruf, das Alter bis hin zum Geschmack an Kriminalromanen, französischer Küche und intrikaten Rätseln: sogar die Angabe, de Clerday sei »ein Merkurier», entschlüsselte das Oxford Dictionary als Anspielung auf sein Tierkreiszeichen, die Zwillinge. Merkur aber herrscht über Zunge, Mund, Sinne, Hände und Einbildungskraft.– Nur jene Züge, die dem Schreiber freie Feder beim Nachvollzug sexueller Ausschweifungen liessen, die milden Ansätze zur Pornographie schienen der dichterischen Freiheit verdankt. (Überhaupt konnte Adderley sich mit seinem Doppelgänger nicht restlos identifizieren. Unbewusst zwar – entdeckte er im nachhinein – hatte er sich, passionierter Leser der er war, in de Clerday versetzt wie in jeden anderen Helden auch; aber wo die Identifikation aus Gründen nur allzu leicht fiel, widerstrebte ihr ein unfassbares Gefühl von Intimität.)

Gleichviel. »Meeting The Challenge» war, wie der Titel es sagte, eine Herausforderung: an ihn. Unter dem eiligen Verständnis der Leser, die in der Erfindung nur Erfundenes finden wollen, fintenreich verborgen, erreichte ihn, ihn allein, die Kunde. Das Leder des Sessels, die Bibliothek, das schlechte Holzpapier mit seinen scheinbar harmlosen und konventionellen Zeichen, die ganze Wirklichkeit dieser Nacht schwand dahin, ein Zweikampf unter Eiben trat an ihre Stelle. Zukunft wurde seine Gegenwart. Nach Jahren gescheiterter Mühen, einen Mann zu stellen, den die Maske der nackten Wahrheit jedem Zugriff entzog, schien auf einmal das Unglaubliche eingetreten: der Andere stellte sich von selbst. Adderley schwankte zwischen seiner Abenteuerlust und einer geheimen Angst, bei all dieser Eindeutigkeit sei ihm doch noch eine Falle entgangen oder – schlimmer – es sei die Eindeutigkeit selber die Falle. Denn obwohl das Rätsel gelöst war – Zeit, Ort und Hergang des nächtlichen Treffens –, blieb es in einem höheren Sinn dunkel und bedrohlich wie zuvor: Warum überhaupt hatte er das Rätsel lösen dürfen? In diesem Dunkel konnte sich eine abgefeimte Teufelei verbergen. Adderley erschrak. So eng war der Ablauf des Zweikampfs mit dem Wandel der Gestirne verknüpft, dass er an dessen Unabänderlichkeit teilzuhaben schien. Die Versuchung, den Versucher zu überlisten, war dennoch gross. Vielleicht irrten sich die Sterne, vielleicht erlaubte es das trügerische Mondlicht, dass das vorbestimmte Opfer seinen selbstsicheren Mörder überwand.

Mit Neuschnee und Bahnhofslärm kam der Morgen.

4

Patrick O'Brien hatte sich unsichtbar gemacht. Kaum je war Dick Terry in solche Dunkelheiten geraten; zuweilen kam es ihm vor, als sei er zurückversetzt in die Zeiten von König Artus, von Feen und Tarnkappen. Ein Mensch verschwand spurlos aus dem Dasein der anderen. Der nahezu anonyme Status zweitrangiger Mystery writers war sein Alibi, ein so vollkommenes und unauffälliges, dass der Verlag, der «Meeting The Challenge» herausgebracht hatte, an O'Briens Unauffindbarkeit gar nichts Erstaunliches mehr fand. Immer, erfuhr Terry von einem Lektor, hätten Mittelsmänner zwischen Verleger und

Autor gestanden, habe Mr.O'Brien hinter falschen Adressen und erfundenen Namen gelebt. Keiner kannte ihn von Angesicht. Auch die in «Meeting The Challenge» gespiegelten Frauen – Terry horchte sie verstohlen aus – erinnerten sich an niemand. Dumpf empfand der Detektiv den Widerspruch zwischen dieser Unsichtbarkeit und der Herausforderung.

Der halbe Februar verging, ohne dass auch nur eine Spur weiter geführt hätte. O'Briens frühere Romane – ausser dem vorletzten, «Helpless Fear», den Terry ohne Nutzen las – waren vergriffen. In seiner Ratlosigkeit verstieg sich der Detektiv gar, so viele Exemplare von «Meeting The Challenge» aufzukaufen, wie das ohne Aufsehen möglich schien, und zu verbrennen. Als ob er nicht selbst gewusst hätte, dass nicht von den Lesern sondern vom Verfasser des Romans die Bedrohung ausging. Fast wäre Terry der Versuchung erlegen, sich der unabänderlich scheinenden Zukunft zu überlassen.

Endlich aber wich die Blindheit von ihm. Endlich erinnerte Dick Terry den Handlungsablauf in «Meeting The Challenge», diesem Roman ohne Dialog, wo der Verbrecher dem Opfer bis zur Stunde ihres Schusswechsels nicht ein einziges Mal begegnet, und erkannte in seinem Missgeschick einen Teil der vorausbestimmten Notwendigkeit. Das liess ihn die sinnlose Suche nach O'Brien abbrechen; statt dessen führte der Anblick eines nahen Vollmondes, gevierteilt hinter dem Fensterkreuz, durchgestrichen von den Dachantennen Whitechapels, ihn wieder jenem Bereich zu, darin allein es Spuren und Zeichen gab: dem Roman. Mittlerweile hatte Terry begriffen, dass «Meeting The Challenge» der Schlüssel zu sich selbst war; um so mehr reute ihn sein Versäumnis, bisher nur auf die Gestalt des Opfers (auf sich) geachtet zu haben und nicht auf den Mörder. Nun erst bemerkte er, dass der Verbrecher, ohne doch der Erzähler zu sein, keinen Namen trug, wie in «Helpless Fear» auch. Ferner war der Schauplatz des Verbrechens nicht näher bezeichnet – oder doch? Irgend etwas Halbverdecktes aus seiner Schulbildung stieg in ihm auf: «das Schloss der falschen Grafen», in dem «vielleicht auch der Dichter verkehrte» – die übliche durchsichtige Umschreibung für Shakespeare –, dies Schloss konnte nur Warwick Castle sein. Terry kannte es flüchtig, er war einmal durch ein verregnetes Warwickshire gekommen; und mit dem Ortsnamen nahm die nächtliche Szene plötzlich Gestalt an, als ob Tageslicht aufgekommen wäre: Graue, drei Stockwerk hohe, zinnenbesetzte Mauern, Türme, deren schräge Fensterreihen die Wendeltreppen anzeigen, Rasenflächen und Kieswege, Besucher gehen auf- und ab, der düstere Park; und links davon, jenseits der Strasse, eine Kirche –: dort also starb Richard de Clerday, wie er, Dick Terry, sterben sollte. Eine finstere Klarheit überkam ihn. Das Rätsel der Namen, das des Ortes, das der Bedeutung waren gelöst, nur Tag und Monat des nächtlichen Treffens musste er noch bestimmen. Dann wäre die Botschaft Patrick O'Briens an ihn entschlüsselt.

Ein Tag astronomischer Studien in öffentlichen Bibliotheken erbrachte (ausser der Nebensächlichkeit, dass er als Jungfrau «Merkurier» sei) auch diese, die letzte Klarheit. Und mit ihr strömte Entschlossenheit in ihn. Er würde antworten.

5

Als Clark Adderley am Mittag des 17. März in Warwick eintraf – die Luft fast zu warm, der Himmel nach und nach von Lämmerwolken bezogen -, verfügte er sich sogleich in den Schlosspark. Der Wagen blieb gegenüber auf dem Gelände zurück, das sich der Kirche und dem Friedhof anschliesst. Die Stadt Warwick mit ihren schmalen, gewundenen Strassenzügen und den unbestimmbaren Fassaden, grau und bräunlich, bot ihm keinerlei Reize. Er ignorierte sie. Den Park durchquerten, von Baumstämmen und Gebüsch meist halb verdeckt, Mäntel: Touristen. Adderley suchte sein Gebaren dem ihren an Langerweile anzugleichen.

Am Eingang, einem hohen und dunklen Tor im Mauerring, der Warwick Castle umschliesst, hatte er bei einem gähnenden Schaffner eine Karte gelöst und seine Schritte zu zählen begonnen. Mit hellgrauem Hut und Trenchcoat unterschied er sich kaum von anderen; nur die Zielstrebigkeit seines Ganges hätte auffallen können, vielleicht auch die Weise, in der er die Stablampe tief in der Manteltasche umklammerte. Rechts abbiegen, Schritte zählen, gleichmässig langsam ausschreiten, auf Wegegabelungen und auf die Eibe achten: Adderley hätte für alles, was er tat, Seite und Zeile in «Meeting The Challenge» angeben können. Der Weg war noch weich vom letzten Regenschauer, das Profil seiner Schuhe hinterliess überall Abdrücke: kein gutes Vorzeichen... An den künftigen Laubbäumen sah er als dicke dunkelrote Punkte die Knospen warten; es roch nach Feuchtigkeit und Moos. Von Zweigen, die er streifte, fielen spärliche Tropfen. Nach hundertachtundachtzig Schritten stand die Eibe vor ihm, unverkennbar und allein, und wenn auch ihr von Worten beschworenes elbisches Wesen im grauen Tageslicht zerging, Adderley erschrak doch, als er so unvermittelt der Genauigkeit und dem Planvollen wiederbegegnete. Aber auch sein Plan stand fest: Er würde die List des Anderen überlisten, den Termin Mitternacht nicht einhalten und erst als Zweiter erscheinen; das böte ihm die Vorteile des Gegners. Seltsame Empfindungen suchten ihn heim: Stünde das eigentliche Rätsel, der Ausgang ihres Zweikampfes, nicht noch bevor, der Anblick der Eibe hätte seinen Eifer beinahe gedämpft; was an Rätseln in den Text eingegangen war, hatte er ihm wieder entnommen. Die Richtigkeit seiner Lösung war bewiesen, der Leser in Adderley hatte das Seine getan und war ernüchtert wie am Ende vieler anderer Kriminalromane.- Adderley prägte sich einen möglichen, von Bäumen und Gebüsch beschirmten Anmarschweg ein. Dann ging er; länger stehenzubleiben, hätte einem Beobachter auffallen müssen.

Adderley wandte rasch den Hals: er sah niemand, der ihm gefolgt wäre.

Den Nachmittag vergeudete ein Tourist namens Clark Adderley, von der deutlichen und eintönigen Stimme des obligaten Führers und dem Gemurmel der Besucher begleitet, im Schloss. Über verschlissene Teppiche und Wendeltreppen, dem Vordermann bedrohlich auf den Fersen, an dicken geflochtenen Seilen entlang, die das Inventar vor ihrer Zudringlichkeit schützten, drängten sich die Lebenden. Portraits selbstherrlicher Renaissance-Grafen vor gedunkelten Hintergründen; Handschriften, einige wohl von Shakespeares barocker Hand, in verstaubten Vitrinen; samtverhangene Himmelbetten, vor deren Würde alle Phantasie kapitulierte; Gobelins; und dann der Rittersaal in seinem Halbdunkel, aus dem Rüstungen, Waffen, Silbergeschirr und Trophäen starrten: wie ein unendliches Schachbrett mit Fliesen ausgelegt; Symmetrien und Perspektiven... Lästig wog die Pistole unter seiner Achsel. «Und diesen riesenhaften Harnisch liess der achte Heinrich für sich anfertigen»: die Stimme des Führers, der Trinkgelder gewärtig. Adderley hörte sie kaum, statt dessen überwachten seine Augen hinter gedunkelten Gläsern die Gesichter der anderen. Manchmal schien ihn ein Seitenblick zu streifen, manchmal trug einer gespielte Gleichgültigkeit zur Schau; und dem einmal Verdacht auferlegt ist, wird beides gleich verdächtig.

Aber keiner trug eine Maske, die ihn als Maskierten entlarvt hätte; und die irischen Züge Patrick O'Briens (mit Bart, ohne Bart, das Haar immer wieder anders frisiert und gefärbt) waren Adderley nur aus verschwommenen Augenblicken und von ein paar alten Aufnahmen her – grobkörnigen Ausschnittvergrösserungen – bekannt. So weit hatte er die Vorsicht getrieben. (Um so merkwürdiger, dass der Verfolgte ihn nun doch bemerkt haben musste und zum Verfolger geworden schien.) Adderley gab die Suche auf: hinter jedem und keinem dieser austauschbaren Männergesichter konnte sich der eine Proteus verbergen. Die schwarze Maske, die er selber bei sich trug, sollte die Eindeutigkeit seines Gesichts aufheben; ob aber unter der des Anderen überhaupt ein Gesicht wartete, wusste mit Sicherheit niemand. Sieben Jahre lang hatte die Maskerade alle Gegner in Schach gehalten, auf dem halben Erdteil. Jedes Jahr legten eine Leiche und ein Kriminalroman Zeugnis ab von ihrem vielfältigen Dasein. Und keiner hatte sich gefunden – vielleicht waren die Gründe nur Armut im Lenken des Bös*en und* ein literarisches Vorurteil gegen Literatur -, der den *Bogen ge*schlagen hätte zwischen Erfindung und Wirklichkeit, *keiner* ausser ihm, Clark Adderley, der beide Enden kannte, jedoch einen Bogen, den einigenden, mangels Beweisen nicht greifen *konnte er* noch nicht. Es klang viel zu einfach: In den letzten sieben *Jahren* hatten sieben Polizeiorganisationen Westeuropas vor *sieben Morden* gestanden, die alle so pathetisch und riskant insz*eniert* waren, dass sie leicht zu lösen schienen, aber auch so *unmotiviert*, dass die Untersuchungen im Sand verliefen; und *jeweils* geraume Zeit später erschien, mit veränderten Namen und *gleicher* Handlung aus Patrick O'Briens Feder die Geschichte *des* Verbrechens (um genau zu sein: nur die Vorgeschichte bis *zum blut*igen Höhepunkt, aber ohne kriminalistisches Nachspiel). *Vielleicht* war solche Entsprechung zu offenbar, um glaubhaft zu *sein*, denn nur Adderley durchschaute nach dem fünften Fall (als *der Erd*rosselte in der Seilbahngondel zu Tal fuhr) das Schema. Vor Jahren hatte er eine begonnene Detektivgeschichte auf*gegeben*, weil er, Adderley, kein Mörder war: und vor allem: *er hasste Koin*zidenzen. Doch einen Nachweis zu führen vermochte er *nicht*. Also war er dem heimlichen Tod gefolgt, fintenreich, un*auffällig*, aber vergebens: Er kam, das erstemal um Tage, das *zweitemal*, bei dem sterbenden Mädchen, um Stunden zu spät. *Und leider* verwischten eine List, ein Namenswechsel die Spuren.

Im braunen Spiegel einer Pfütze, die den Regen zwischen Rasen*flächen und* Gehwegen überlebt hatte, sah Adderley vorüber*gehend ein* Gesicht, blass und umrisshaft, auswechselbar. Es war Abend geworden. Noch einmal hatte er den Park betreten. Ein *Mann in grobem* Tweed, der nahe an der Eibe stehen geblieben war, entfernte sich rasch, anscheinend dem Ausgang zu. Bald würde *sich hinter den* letzten Besuchern das Parktor schliessen. Ad*derley warf einen* Blick auf die Uhr, ohne die Zeiger wahrzuneh*men, und musste* noch einmal hinsehen. Mit der Hand strich er *sich über die Haa*re unterhalb der Schläfe. Und plötzlich däm*merte ihm, wie nah* er, der Verfolger, seinem Gegner schon war, wie geschickt und verstohlen auch er vorging und wie die Rechtferti*gungen eine nach* der anderen verblassten. In den zwei Jahren [.........] schien er zögernd, aber stetig in ein anderes [*Leben überzutreten*]. Die Unterschiede von einst waren in Ähnlichkeiten umgeschlagen; und vielleicht brachte jene in «*Meeting the Challenge*» entworfene Zukunft, in der sie sich begegnet waren, der Andere und sein Detektiv, die Gleichheit.

6

Gegen elf Uhr abends bezog der Detektiv, in festen Tweed gehüllt, seinen Posten unter der Eibe. Der Himmel hatte sich vollends bedeckt. Vom untergehenden Mond blieb nur mehr ein milchiger Fleck zwischen dem Filigran winterlicher Äste und Zweige. Wind hatte sich aufgemacht, und mit ihm nahte der Regen. Die Sicht war eingeschränkt; er fror und suchte sich, eng an den Stamm der Eibe gepresst, gegen die Nässe zu schützen. Unter dem Feuer der Tropfen, dem Pfeifen des Windes verschwanden alle anderen Geräusche – bis auf die Kirchturmuhr, die unbeirrbar das Nahen der Mitternacht und des maskierten Zusammentreffens kündete. Die Nacht schritt einher in den Farben Saturns. Den Detektiv löschten Warten und Angst aus; nur seine Hände waren noch da, um den Revolver gekrallt. In ihren Reflexen überlebte seine ganze Vergangenheit, um derentwegen er gekommen war. Die zwölf tiefen Glockenschläge gingen über ihn hin; Regen stumpfte sie ab, und das Echo kam zurück von den Zinnen und Wehrtürmen. Den Detektiv hatte die Zeit beinahe schon verlassen; feucht und kalt klebte die Maske auf seiner Haut. Der Park war Wald geworden. Für Augenblicke streifte ihn der Wunsch nach einer Tarnkappe. Äste knarrten, Zweige knackten, vielleicht im Wind, vielleicht unter Füssen; etwas schwirrte vorbei. Ob Erpressung, ob Mord: er würde das Vorhaben des Anderen vereiteln.

«Hände hoch»:
ein Befehl. Der Lichtstrahl einer Lampe.
Er schoss.
Es schoss zurück.
Beide Kugeln trafen.
Kein Mörder entkam ungesehen in die Nacht.

7

Zwei Monate später erschien von Patrick O'Brien «Nine-killer. Novelle über einen Kriminalroman».

Editorische Notiz:
Der Text liegt in zwölf maschinengeschriebenen Seiten vor. Nur die – offenbar doppelseitig beschriebenen – Blätter wurden durchgezählt, nicht die Seiten. Kittler hat die Kapiteleinteilungen handschriftlich eingefügt, zudem einige Korrekturen und Streichungen. Diese wurden übernommen. Seite 11 ist am linken Rand beim Kopieren unleserlich geworden. Die Stellen wurden so weit wie möglich aus dem Kontext erschlossen und sind kursiv gedruckt. Wo eine Ergänzung nur erraten werden konnte, steht sie kursiv und in eckigen Klammern. In den handschriftlichen Korrekturen zeigt sich eine gewisse Tendenz zur lectio difficilior des eigenen Texts (aus «pommes frites» werden «pommes dauphines», aus einem «französischen» Namen wird ein «normannischer»). Der Text dokumentiert darüber hinaus die Geburtsstunde jener lebenslangen Kittler'schen Eigenheit, auch die entlegensten Sachverhalte als «selbstredend» einzuführen. An vier Stellen steht ursprünglich das gebräuchlichere «selbstverständlich», in allen Fällen wird es per Hand zu «selbstredend» korrigiert.
Eva Horn

EVA HORN

Kittlers Rätselmaschine

Eine Kriminalgeschichte als Literaturmodell

Statt in Texten einen Sinn auszulegen,
wäre zu beschreiben, wie Texte selber
als Köder ausgelegt sind.[1]

Es gibt eine Kriminalgeschichte von Jorge Luis Borges – *Der Tod und der Kompaß* –, in der der Detektiv der komplizierten theologischen Matrix einer Mordserie nachgeht, um schließlich durch genau diese Theorie in die Falle seines Mörders gelockt zu werden.[2] Auch die Lösung des Rätsels ist so noch Teil eines Komplotts, mithilfe dessen ein Verbrecher namens Red Scharlach sich seines Verfolgers Lönnrot entledigt. Man braucht kein Philologe sein, um die Redundanz der Namen zu bemerken: der die Spuren legende Verbrecher und der sie entziffernde Detektiv sind Doppelgänger. Leser und Autor sind strukturell gleichartig in einer Kunst des «Auslegens», die wenig mit Hermeneutik, alles aber mit dem Legen von Spuren und dem Entschlüsseln einer Rätselstruktur zu tun hat.

Es ist fast zu einfach, die Kriminalgeschichte des sehr jungen Friedrich Kittler als Remake von Borges' Erzählung zu verstehen. Ebenso einfach ist es, das Gestöber bedeutungsschwangerer Details in *Neuntöter* mit den dichten Motivnetzen in Borges' *Fiktionen* in Verbindung zu bringen. Natürlich ist die Geschichte, wie Kittler Jahre später in einem Brief an Hubert Winkels anmerkt, «verseucht von Borges» *(Abb. 1)*.[3] Man könnte auch sagen: Der ehrgeizige Literaturstudent versucht «to out-Borges Borges», anknüpfend an dessen brillant hyperkonstruierte Meta-Fiktionen, in denen es in immer neuen Denkmodellen darum geht, wie Geschehenes und Erzähltes, Augenschein und Geheimnis, Gegebenes und Mögliches, Einbildung und Wirklichkeit einander durchkreuzen.

Von Anfang an markiert *Neuntöter* den Gestus der Meta-Literatur. Es beginnt mit einem Zitat, unter dessen stilistischem Schwulst sich etliche Hinweise verbergen, die für den weiteren Verlauf der Handlung entscheidend sind. Es handelt von einem Autor und seinen zwei Lesern, die sich durch Narzissmus und Scharfsinn im Spiegel des Romans erkennen und so dem Autor in die Falle gehen. Nebenbei werden einige poetologische Überle-

Es gehört zu den geplanten glücklichen Zufällen des Wissenschaftskollegs, dass ich bei meinem Aufenthalt als Fellow 2021/22 nicht nur eine Edition der frühen Schriften Friedrich Kittlers fertigstellen konnte, sondern mir auch durch Stephan Schlak und Hubert Winkels die Geschichte «Neuntöter» zugespielt wurde. Beiden – und natürlich dem Wissenschaftskolleg – sei dafür herzlich gedankt. Erika Kittler danke ich für einen sehr erhellenden Austausch über die gemeinsame Studienzeit, Susanne Holl für die Erlaubnis, Kittlers Text hier abzudrucken.

1 Friedrich A. Kittler: Eine Detektivgeschichte der ersten Detektivgeschichte, in: ders.: Dichter – Mutter – Kind, München 1991, S. 198.

2 Jorge Luis Borges: Der Tod und der Kompaß [1944], in: ders.: Fiktionen, übers. v. Wolfgang Luchting, Gisbert Haefs, Frankfurt/M. 1992.

3 Friedrich Kittler an Hubert Winkels, Brief vom 28.7.1985. Kittler reagiert auf die Anfrage Winkels', einen Text für dessen bei KiWi geplante Anthologie «aus. Mord-Stories» beizusteuern (Köln 1986). Der Text fand, wie Kittler schon vermutete, keinen Weg in die Anthologie. Vgl. die Abbildung des Briefes auf S. 107 und den Kommentar von Hubert Winkels.

gungen eingeflochten, nicht ohne Seitenhieb auf die Bêtisen der Literaturkritik. Kurzum: Kittler erfindet einen Autor mit irischem Allerweltsnamen und zwei anagrammatisch mit seinem Roman verstrickte Leser, um nichts Geringeres als ein Modell von Literatur zu entwickeln.

Kittler schreibt *Neuntöter*, so die Erinnerung seiner ersten Frau Erika Kittler, als ganz junger Student, mit Anfang 20, circa 1964 oder 1965 (und wohl nicht 1966/7, wie er im Brief an Winkels angibt). Der Studienanfänger verbringt die Sommer am Baggersee, manche Nachmittage beim Flippern oder Saxophonspielen, immer wieder auch Nächte bei Hasch-Sessions in Freiburger WGs, in denen es wenig mehr gab als Lautsprecher, Musikanlage und ein paar Sitzmöglichkeiten am Boden. Man lieferte sich lange theoretische Rededuelle oder assoziierte wild zu den jeweils jüngsten Lektüren. Am nächsten Tag machte er dann davon eine Niederschrift. Der junge Kittler liest obsessiv, unter anderem auch Kriminalgeschichten von Dürrenmatt, Boileau-Narcejac, Hammett, Chandler, Wallace, wohl auch Le Carré oder Ambler. Ende der siebziger und Anfang der achtziger Jahre wird er dann als junger Dozent an der Albert-Ludwigs-Universität Seminare zum Thema «Krimi» geben, deren Pointe es ist, den kriminalistischen Knoten in Texten zu entdecken, die gar nicht zum Genre zählen: E.T.A. Hoffmanns *Fräulein von Scuderi*, Schillers *Verbrecher aus verlorener Ehre* oder auch Handkes *Die Angst des Tormanns beim Elfmeter*. Und noch etliche Jahre später, um 2000, hatte ich selbst gelegentlich das Vergnügen, mit ihm auf Berliner Parties über Borges, LeCarré oder Ambler zu fachsimpeln und auf Verbrecherjagd zu gehen, Texte, deren Details er teilweise im Wortlaut aus dem Kopf abrufen konnte. Vor allem ist es Borges, der durch sein gesamtes Werk geistert. Kittler hat ihm nie ausdrücklich einen Text gewidmet – vielleicht, weil ihm die Borgesianische Rätselmaschinerie viel zu vertraut war.

Friedrich Kittler hatte eine lebenslange Faszination für literarische Rätselmaschinen. Denn in ihnen, besonders deutlich im Kriminalplot, wird das Verhältnis von Literatur und Wirklichkeit in einem Modell verhandelt, das einerseits notiert, was wirklich geschieht, andererseits vorführt, wie darüber Mutmaßungen angestellt, Theorien gebaut, Erzählungen gestrickt werden. Der

Krimi entwirft eine Welt, in der alles zeichenhaft ist, jedes Ding, jede Geste, jede Handlung eine Spur sein kann. Und er zeigt, wie das Personal selbst damit beschäftigt ist, diese zeichen- oder lügenhafte Welt zu entziffern. In der Welt sein bedeutet hier, alles als ein Zeichen zu lesen, aber eines, das dunkel, täuschend oder vergesslich ist. Diese Art des Entzifferns ist nun aber eine gänzlich andere als das hermeneutische Deuten im Gefolge von Gadamers *Wahrheit und Methode* (1960), das damals in Freiburg und anderswo eingeübt wurde. Nicht ein Sinnzusammenhang wird im lesenden Verstehen hergestellt, sondern zunächst einmal eine andere, unter den Erscheinungen liegende Faktizität: die der Tat. Der Detektiv – und mit ihm die Leserin – liest nicht «Sinn», sondern «Spuren». Krimis sind Rätselmaschinen, die meist am Ende gnädig ihren eigenen Schlüssel mitliefern. Hat man diesen, wird die dunkle Konstruktion plötzlich durchsichtig. Horizontverschmelzung oder multiple Weisen des Verstehens, auf die die Hermeneutik so große Stücke hielt, gibt es dabei nicht. Nur eine Lösung.

Eine solche Rätselmaschine ist, in der Hyperkalkuliertheit des Plots wie der Absenz jeder Psychologie, die Erzählung *Neuntöter*. Wie bei Borges ist diese Maschine immer schon meta: eine Erzählung über das Entziffern einer Rätselmaschine, die eben nicht irgendein Mord ist, sondern selbst schon Literatur. Die Geschichte von einem halbwegs erfolgreichen Vielschreiber, der seinen achten Bahnhofskrimi mit dem herausfordernden Titel *Meeting the challenge* kalkuliert an zwei Leser adressiert, die den Roman dann erstaunlicherweise exakt so lesen, wie der Autor es beabsichtigt. Die zwei Leser, der bildungsbürgerliche Gourmet Clark Adderley und der sexhungrige Detektiv Dick – nun, ja – Terry, lesen nicht hermeneutisch, sondern entschlüsseln brav jene abundanten Details, die jeder andere für «Shakespeare-Nächte und Walter-Scott-Inventar» halten würde.

Sie entziffern, dass der Roman in der Zukunft spielt, dass er einen Mord schildert, der erst noch geschehen wird. Schlimmer noch: dass alle Romane des zwielichtigen Romanautors Patrick O'Brian auf realen Morden beruhen, die dieser offenbar jeweils im Vorfeld begeht, um seinen Texten die von Kritikern geschätzte «Dichte des Selbsterlebten» zu verleihen. Beide erkennen sich selbst im Opfer des Romans, Richard de Clerday, wieder, wenngleich aus je anderen Gründen. So lesen beide den Text als Nachricht einzig an sich, als Herausforderung zum Duell mit dem Autor. Und beide nehmen diese Herausforderung an.

So ist die Erzählung – das wäre eine erste literaturtheoretische Pointe – eine Theorie des Lesens. Oder besser: eine leicht ironische Studie über die Gefahren des identifikatorischen Lesens im Gefolge unglücklich endender Leser wie Werther oder Emma Bovary. Die Präzision beider Entzifferungen – als philologische Denksportaufgabe im Fall Adderleys, als detektivische Bricolage bei Terry – mündet gleichermaßen ins Verderben. Sie schlucken den Köder, der der Roman ist, weil sie im Opfer ihren Doppelgänger sehen. Wären sie dagegen beflissene Germanisten alter Schule, hätten sie den Roman mit einem Seufzer über den schlechten Stil, die intertextuellen Versatzstücke und die Absenz eines plausiblen Motivs beiseitegelegt. Aber gerade dass sie diesen Text als Kassiber lesen, der einzig an sie gerichtet ist (etwas, das sich der Mann in Kafkas Türhüter-Parabel extra erklären lassen muss), lässt ihren Scharfsinn mit Verblendung zusammenfallen. Darin liegt allerdings ein gewisser Heroismus: Lesen ist immer ein Risiko, gerade wenn man es richtig macht.

Heroisch haben die beiden also in schöner, aber tödlicher Symmetrie die Rätselmaschine geknackt (ein Stück weit). Damit, und das wäre die zweite literaturtheoretische Pointe, entwirft die Erzählung ein Modell von Literatur, die Wirklichkeit nicht abbildet, sondern schafft. O'Brians Roman programmiert die Leser, seinen Plot in der Realität umzusetzen, weil er mit präzisen Fakten – Orten, Zeitpunkten, Identifikationen – arbeitet. Genau diese Pointe werden die literaturwissenschaftlichen Arbeiten Kittlers in den folgenden Dekaden entfalten. Das reicht von der historischen Analyse der Leser- und Seelenprogrammierung durch Mütter, höhere Erziehungsanstalten oder die Psychiatrie über die Identifikation konkreter Personen, Daten, Orte oder Technologien in fiktionalen Texten bis hin zur Rekonstruktion der materiellen und medialen Bedingungen dafür, dass Literatur überhaupt stattfindet. «Alles hat ein Datum, eine Adresse, einen Ort und einen Tag», so Kittler in einem Interview.[4] Sein perfider Krimiautor macht von dieser Regel ausgiebig Gebrauch.

4 Friedrich Kittler im Gespräch mit Christoph Weinberger: Das kalte Modell von Struktur, in: Zeitschrift für Medienwissenschaft 1, 2009, S. 95.

Literatur ist somit «FAKtisch» (wie die Festschrift zu Kittlers 60. Geburtstag glücklich betitelt ist). Das heißt einerseits, dass sie sehr präzise die Spuren ihrer Sozialisations-, Kommunikations- und Speicherbedingungen verzeichnet – für den, der sie zu lesen weiß. «Denn es gab den/die/das XYZ» ist die Formel für diese im Inneren des Literarischen nistende Faktizität, die es unter Goethes Romanhelden, Pynchons Abenteuerplots oder Schillers Dramen zu dekodieren gilt.[5] Es heißt andererseits, dass Literatur und die von ihr gespeisten Aufschreibe- und Lesesysteme in die Wirklichkeit hineingreifen, Wirklichkeit herstellen. «Was ihn morden macht, ist einfach Literatur», schreibt Kittler zwanzig Jahre später über Handkes Protagonisten in *Die Angst des Tormanns beim Elfmeter*. Das gilt auch für den fiktiven Autor Patrick O'Brian, der am Ende – nach neun (nicht immer eigenhändigen) Morden seine Novelle *Neuntöter* herausbringt.[6]

Man könnte auch sagen: Als Philologe war Kittler wie Adderley exakt «auf der Suche nach jenem Punkt, der an beiden, Erfindung wie Wirklichkeit, teilhat». Dieser Konvergenzpunkt von Erfindung und Wirklichkeit ist aber nicht nur Faktizität. Es ist auch, wie Kittler einmal formulierte, ein «kaltes Modell von Struktur». Das können Daten sein oder jene medialen und technischen Infrastrukturen, die sein medienhistorisches Werk ab den späten achtziger Jahren beschäftigen. Oder aber auch Strukturen des Wissens oder Begehrens. Eine solche Struktur ist das «Dreieck Verbrecher Opfer Detektiv». Oder auch jenes aparte Ballett des Wissens, Besitzens und Suchens, das Lacans berühmte Lektüre in Poes *The Purloined Letter* herausarbeitet. Das heißt: Protagonisten sind nicht irgendwelche Subjekte, die selbständig handeln oder fühlen. Vielmehr wird ihnen in einer vorgegebenen festen Struktur eine Position angewiesen. Die Positionen sind permanent, variiert werden sie dadurch, dass immer neue Figuren in sie einrücken. So auch in *Neuntöter.* Durch ihre Entschlüsselung von Ort und Datum glauben sowohl Adderley als auch Terry, statt der des designierten Opfers die Position des Detektivs einnehmen zu können. Aber zwei sind zu viele für eine Position. Und so können die beiden nicht anders, als sich gegenseitig zu eliminieren und den Autor/Verbrecher als lachenden (schreibenden) Dritten davonkommen zu lassen.

5 So Peter Berz, Annette Bitsch und Bernhard Siegert: Vorwort, in: FAKtisch. Festschrift für Friedrich Kittler zum 60. Geburtstag, München 2003, S. 12.

6 Friedrich Kittler: Das Alibi eines Schriftstellers. Peter Handkes «Die Angst des Tormanns beim Elfmeter», in: ders.: Werkausgabe I.B.4: Zu Lebzeiten Veröffentlichtes, hg. von Luisa Drews und Eva Horn, Leipzig 2021, S. 273.

Rätselmaschinen folgen präzisen Regeln. Diese sind endlich und – zumindest theoretisch – intelligibel. Wer den Schlüssel hat – sei dies die Dekodierung des Faktums oder die strukturalistische Psychoanalyse Lacans –, kann die Rätselmaschine knacken. Dass sie ein Köder sein könnte, ist Teil der Herausforderung, wie O'Brians Roman ja ganz offen titelt. Trotzdem geht Literatur auch für Kittler in diesem maschinalen Modell nicht auf. Als Leser von E.T.A. Hoffmann, Bettine Brentano, Friedrich Nietzsche, Sappho oder Homer findet er etwas ganz anderes als eine Maschine. Er findet den Rausch und das Rauschen, Musik und Halluzination, das Schwinden der Sinne und des Sinns, den Wahn, den Schrei. Wagner und Pink Floyd. So steht im Werk Kittlers als Gegenpol zur Maschine etwas ganz anderes, das man mit Borges «das Labyrinth» nennen könnte. Nicht umsonst stellt Kittler seiner Habilitationsschrift *Aufschreibesysteme 1800/1900* dieses Zitat voran:

«Zuerst verstohlen, dann gleichgültig, schließlich verzweifelt irrte ich über Treppen und gepflasterte Höfe dieses unentwirrbaren Palastes. [...] ‹Dieser Palast ist ein Bauwerk der Götter›, dachte ich zunächst. Ich durchforschte seine unbewohnten Gemächer und verbesserte mich. ‹Die Götter, die ihn gebaut haben, sind tot.› Ich achtete auf seine Eigenheiten und sagte: ‹Die Götter, die ihn gebaut haben, waren wahnsinnig.›»[7]

Literatur ist (wenn sie gut ist) immer auch ein Labyrinth, ein Palast der wahnsinnigen Götter. In späteren Jahren geht es Kittler zunehmend um die Auflösung von Strukturen, um das Nicht-Decodierbare, Asemantische, die Überwältigung durch Musik, Liebe, Wahnsinn. Gerade die Medienanalysen der späten achtziger und neunziger Jahre werden sich mindestens so sehr mit den Möglichkeitsbedingungen dieses Rausches beschäftigen wie mit den Strukturen und Infrastrukturen dessen, was er irgendwann lieber «Datenverarbeitung» als Poesie nennt. Maschine und Labyrinth hängen zusammen.[8]

Aber in der präzisen kleinen Rätselmaschine des jungen Literaturstudenten ist das Labyrinthische, Rauschhafte so gut wie abwesend. Hoffentlich hörte er nebenher Wagner, Pink Floyd entstand erst 1965. Immerhin gab es die nächtelangen Theorie-Sessions mit Hasch und badischem Wein. Und so könnte sich

7 Jorge Luis Borges: Der Unsterbliche, in: ders.: Gesammelte Werke. Erzählungen 1949–1970. München/Wien: 1981, S. 13 f. Das Zitat steht auf Spanisch im Manuskript und wird in der Druckausgabe gestrichen.

8 Vgl. Eva Horn: Maschine und Labyrinth. Friedrich Kittlers «Aufschreibesysteme 1800/1900», in: Walter Seitter/ Michaela Ott (Hgg.): Friedrich Kittler. Technik oder Kunst?, Wetzlar 2013.

die Geburt der Maschine gerade diesen Rauschzuständen verdanken. Eine Spur davon gibt es jedenfalls: Es ist die gänzliche Unmotiviertheit nicht nur der Verbrechen des Autors, sondern auch der Entzifferungswut seiner zwei Leser. Das ist die winzige Dosis Wahnsinn, die selbst die kalkulierteste Rätselmaschine braucht. Vielleicht schreibt, ohne es zu wissen oder zu wollen, in diese Leerstelle der junge Kittler sich seine Zukunft: ein Leben, das darin bestehen wird, auslegen zu müssen, Texte wie Köder.

A L B E R T - L U D W I G S - U N I V E R S I T Ä T

DEUTSCHES SEMINAR II
INSTITUT FÜR NEUERE DEUTSCHE LITERATUR

7800 FREIBURG I.BR., DEN 28.7.85
Werthmannplatz
Telefon (0761) 2031 bei Durchwahl 203-
Kittler

Lieber Hubert,

erst einmal den auch schriftlichen Dank für Jochens großartige Besprechung. Wenn der Überblick, wie ich hoffe, seinen Lesern unvergeßlich bleibt, können sie das Besprochene in acht Wochen auch belesen.
Zweitens Dank für Deinen neuen Reigen - genau die Art Schreiben, die wir unter Bedingungen von High Tech zu praktizieren haben. Erst die Liebe unter ihnen und nun der Tod - Du bist, Antons Suff scheint es geahnt zu haben, wirklich ein Schreiber und keine wiss. Hilfskraft.
Was ich nicht schaffe, ist etwas Neues, das von Deinen Mord-Expertisen und High Tech inspiriert wäre, jetzt und hier zu schreiben. Meine Schreibmaschine (das ist keine eitle Floskel) haben sie für die nächsten Monate schlicht ausgebucht. Und einen Rest Leben sive Liebesexpress brauche ich.
Also lege ich, wie halbwegs angedroht, ein Mord-Elaborat aus meiner frühen Studentenzeit bei (als ich noch nicht wiss. Hilfskraft und auf Referate verpflichtet war). Verseucht von Borges und allen schlechten Metaphern, wie es ist, kann es schwerlich Deine Gnade finden. Ich wollte nur nicht einfach Deine Einladung wortlos übergehen. Und wenn Bücher auch Technologien, also Mordwaffen wie alle anderen Technologien sind, dann muß der dreiundzwanzigjährige Kittler damals irgendwas davon geahnt haben.

Sehr herzlich
Dein Friedrich

Abb. 1
«Verseucht von Borges und allen schlechten Metaphern». Abschreibesysteme 1965/1985: Friedrich A. Kittler bietet aus seiner Studienzeit Hubert Winkels ein «Mord-Elaborat» an, Brief vom 28. Juli 1985.

Hubert Winkels

aus / ein

Düsseldorf, Mitte der achtziger Jahre. In der Popmusik wurden Klangteppiche und Ausdrucksgesang aufgelöst in technoide Soundalgorithmik. In der bildenden Kunst reihten Bernd und Hilla Becher in gleichförmig diffusem Licht fotografierte Hochöfen, Wassertürme und Industriespeicher aneinander. Die Nächte wurden zur strengen Selbstperformance genutzt. Ein Habitus des vagen Zitats setzte sich durch. Mehr Umriss als Substanz. Alles Übernahme, Aneignung, Spiel, aber keine Ironie des Besserwissens. Coole Reflexion, keine hermeneutischen Zirkel, keine Introspektion. Es war mehr Abbild in der Welt als Welt selbst. Mehr Typus als Individuum. Man ging aus, niemals in sich. Und «aus» war: außer sich. Auswändig. Außengeleitet. Außerdem. Auswahl: wie die paradigmatische Sprachfunktion; wie die Regeln der Mode, die wiederentdeckt wurden, von Vivienne Westwood bis Roland Barthes. Fotografie zog ins Kunstmuseum, Neues Mobiliar in die Glyptotheken. Der Werbeagenturchef Michael Schirmer, eine höfliche «kalte persona» aus Düsseldorf, stieß mit seinem Buch *Werbung ist Kunst* hinein in die Beuys'sche Honigpumpenwärmekunstaura der Akademie. Helmut Lethen stellte sich in diesen Jahren in Utrecht und Amsterdam als Kältetechniker der Firma Miele vor.

Es war ein Moment, in dem Wissenschaft, Kunst, Design, Mode und der Kulturjournalismus sich ineinander spiegeln konnten, sich gegenseitig locken, zumindest faszinieren, miteinander ausgehen. Zum Beispiel in den Ratinger Hof, in den es eines Abends den Verfasser dieser Zeilen zusammen mit Friedrich Kittler, Norbert Bolz und Jochen Hörisch zog.

Dieser Moment ist Geschichte. Sie hier noch einmal aufzurufen hat weniger mit Verstehen als mit einem Versehen zu tun, dem im Grunde ein ganz konkretes Sich-Versehen zugrunde liegt. Warum erscheint der Kittler-Text erst im Winter 2022? In der literarischen Anthologie *aus. Mord-Stories* (1986), für die ich Kittler als Autor angefragt hatte, findet er sich nicht. Nicht zu verstehen; nicht einmal zu lesen; vorhanden, doch verschwunden. Ein kleines Versehen innerhalb eines großen.

Das Versehen war zuallererst eines des Kopiergeräts. Es hatte die vorletzte Typoskript-Seite der Kriminalerzählung nicht vollständig belichtet, als wenn die Hälfte als stark gekrümmte Buchseite fotografiert worden wäre. Verwischte Spur. *Blur*. Wie sich kurz drauf eine Britpop-Band nannte. Nicht lesbar diese Seite, war meine erste unmittelbare Reaktion. Sie auszusondern zwecks Nachbearbeitung, also Emendation gegebenenfalls, die zweite. Seit dieser Idee fehlte dem *Neuntöter* ein wichtiges Teil. Dann war die Seite selbst als Ganzes abhandengekommen, der Autor versteht das nicht, der Herausgeber fragt nicht beherzt genug nach. Es zieht sich hin, verwischt in der Zeit und ist dann doch nicht darin, im Buch *aus. Mordstories*. Und ward vergessen. Fast.

Da stößt der Verfasser, dem gelegentlich beim Lesen des Namens Friedrich Kittler ein leises Kratzen der Schuld befällt, bei einem Umzug auf eine Kiste mit ganz vielen alten Manuskripten; darunter Mordstories, der Speicherfund, eine alte Trope, eine zu oft erzählte Geschichte... Und er liest sich in einer fest, von ferne bekannt, in den verwischten, unlesbaren Stellen der vorletzten Seite, sich klärend, bis er es hat. Er muss dafür den rahmenden Erzählungstext *Neuntöter* dreimal lesen, bis die Wörter halbwegs sich von alleine fügen. Sie rufen dann tatsächlich einander zu. Ein schönes, doch editions- und lebensgeschichtliches etwas verspätetes Erlebnis.

Und die Mitgift zur vollständigen Erzählung klebt schließlich wie eine Präliminarie als Coda an ihrem Ende; der Brief des Autors als Begleitschreiben seines literarischen Schreibens, das dadurch mit lauter Bescheidenheits- und Entschuldigungstopoi in ein gedimmtes Licht gerückt wird *(Abb. 1)*. Zu Unrecht, wie Eva Horn mit Blick auf Jorge Luis Borges in ihrem Kommentar zeigt. Aber es ist doch zu spüren, wie das Oszillieren zwischen schöner Literatur und der Theorie derselben und darüber hinaus den Schreiber Friedrich Kittler bewegt.

Um dieses Bewegtsein etwas zu profilieren, erlaube ich mir einen kleinen Anmerkungsteil für das zeitlich beinahe und beinahe überhaupt schon Entschwundene, das nun seine Wiederkehr im Zeichen einer über Jahrzehnte entwickelten, zugleich subversiven wie kanonischen Theoriegestalt namens Friedrich Kittler erlebt, einer Kulturtheorie als «Genealogie der Gegenwart» (Hans Ulrich Gumbrecht), die unter ihren verzettelten Anfängen ein mit Rückkoppelungsschleifen versehenes Stück klassischer Genreliteratur hat: Die Mordstory *Neuntöter*. Sie wäre also nach diesem Brief von einem Dreiundzwanzigjährigen verfasst, im Jahr 1966. So schreibt es der Dreiundvierzigjährige im Jahr 1985. In einem Brief, der auf eine Anfrage nach einem Beitrag für einen Band mit Mordgeschichten antwortet.

Er beginnt mit einem Dank für eine «großartige Besprechung», mit der Jochen Hörischs Rezension des späteren Kittler-Klassikers *Aufschreibesysteme 1800/1900* gemeint ist. Wohl die erste Besprechung überhaupt, acht Wochen vor Erscheinen des Buchs! Und zwar in einem Publikationsorgan namens *Überblick,* von 1977 bis 1987 das Stadtmagazin für Düsseldorf und einige Jahre mit dem Verfasser als Redakteur. Mit dem «neuen Reigen» ist eine Reigenerzählung des Verfassers mit dem Titel *Liebesexpress* gemeint. Eine Verkettung von Lovestories, von in heutigem Jargon: Datingevents, von Menschen und Matches, die sich mittels Partneranzeigen in Stadtzeitungen kennengelernt haben. Medieninduzierte Gefühlsemphasen in Reihe geschaltet. «Erst die Liebe unter ihnen und nun der Tod» – das bezieht sich dann schon auf das Unternehmen *aus. Mord-Stories*, das bald folgen sollte. «Antons Suff» ist ein akademischer Insiderwitz unter ehemaligen Studienstiftlern. Mit «Mord-Expertisen und High Tech» mag gemeint sein, dass das später als Vorwort verwendete Exposé zur Anthologie Mord gegen den Wortsinn eben nicht als Devianz, Stimulanz oder Rechtsbruch versteht, sondern als ein Ende aller Verständigung. «Mord ist immer ein Ende», heißt es. Mord als das «Absolute». Intention, Tat und Wirkung sind nicht länger getrennt, die Zeichen eingezogen, das Reale als das Grausame präsent.

So die Idee von damals, 1985. Der Herausgeber der Anthologie war dreißig Jahre alt. Er erinnert sich an einen verwischten, verwunschenen, schließlich verschwundenen Text. Kittler war jünger als von ihm erinnert, als er *Neuntöter* schrieb. Eva Horn hat es eruieren können. In seinen frühen Zwanzigern. Über zwanzig Jahre vor der hier aufgerufenen Zeit, die den Text hätte ans Licht bringen sollen. Passte er in das «Jetzt» der Achtziger? Nun wird die Kriminalgeschichte zum ersten Mal in der *Zeitschrift für Ideengeschichte* ediert. Zweifellos ist sie nicht mehr dieselbe. aus / ein.

Bildnachweis: Abb. 1: Mit freundlicher Erlaubnis von Erika Kittler.

Viktoria Sereda

Geschichtslehrer des Volkes

… und Vasyl Holoborodkos Kolleginnen auf der Flucht

Geschichtslehrer wider Willen

Als Wolodymyr Selenskyj im April 2019 die ukrainischen Präsidentschaftswahlen gewann, wurde ich eingeladen, an einer von der Harvard University organisierten Diskussion teilzunehmen: *No Kidding, Let's Get Serious: Ukraine's Presidential Election*. In der ironischen Sprache des neuen Ernstes verwies der leicht verspielte Titel auf verbreitete Befürchtungen, die mit dem Aufstieg eines beliebten Komikers zum Führer eines vom Krieg zerrütteten Landes einhergingen. Der frischgebackene Politiker schien im wirklichen Leben den Werdegang einer Kunstfigur zu wiederholen, die er seit 2015 in der beliebten Fernsehserie *Diener des Volkes* gespielt hatte: den Geschichtslehrer Vasyl Holoborodko, der «zufällig» die ukrainischen Präsidentschaftswahlen gewinnt. In der realen Wahl setzte sich Selenskyj mit 73 % der Stimmen durch, und es gelang ihm, die sonst so prägenden Unterschiede zwischen Regionen, zwischen Stadt und Land, zwischen Ethnien und Sprachgruppen zu überbrücken, die in früheren Zeiten die Wählerschaft gespalten hatten. Was hatte eine solche Einmütigkeit unter den Wählern bewirkt?

Ein Schlüssel des Erfolges der Präsidentschaftskampagne von 2019 war das Vermeiden konfliktgeladener historischer Themen. Im Gegensatz zu den politischen Protagonisten der Nachbarländer, sowohl im Westen als auch im Osten der Ukraine, wo Geschichtspolitik und Gedenkpraktiken zum Kernbestand der offiziellen Rhetorik gehören, zog weder der fiktive *Diener des Volkes* noch der reale Wolodymyr Selenskyj die etablierten Register einer verherrlichenden nationalen Erinnerung. Zu den wenigen Verweisen auf geschichtliche Themen in der Fernsehserie gehört eine kurze Szene in der ersten Folge, in dem der Lehrer Holoborodko gegenüber seinen Schülern die Notwendigkeit betont, aus der Geschichte zu lernen. Damit knüpft die Figur an didaktische Muster der sowjetischen Filmtradition an, in der Geschichtslehrer häufig als ein wenig naiv, aber auch als moralische Vorbilder ihrer Schüler dargestellt wurden – etwa in Filmen wie *Dozhivem do ponedelnika* («Lasst uns bis Montag leben», 1968) oder *Bolshaia Peremena* («Lange Pause», 1973). Allerdings hat sich der Inhalt des Geschichtsunterrichts in ukrainischen Schulen seit der späten Sowjetzeit offensichtlich verändert: So legt Holoborodko etwa Wert darauf, ungenaue Aussagen seiner Schüler über Mykhailo Hrushevsky zu korrigieren, jenen ukrainischen Historiker, der nach dem Zusammenbruch des Russischen Reiches 1917 zum Führer der ukrainischen Revolutionsbewegung wurde, doch in der stalinistischen Periode aus den sowjetischen Geschichtslehrbüchern retuschiert worden war. Nach dieser kurzen Episode zu urteilen, schien Holoborodkos Haltung gegenüber Hrushevsky, einer Symbolfigur des ukrainischen Nationalismus, eher reserviert. In ähnlicher Weise grenzte sich der Wahlkämpfer Selenskyj, der aus der überwiegend russischsprachigen ostukrainischen Industriestadt Kryvyi Rih stammt, von der traditionellen nationalen Rhetorik seines präsidialen Gegners Poroschenko ab. Ganz wie Holoborodko und im populistischen Sinne eines «echten» *Dieners des Volkes* teilte der Politiker Selenskyj im Wahlkampf gegen das Establishment aus und versprach, die Korruption zu bekämpfen.

Darüber hinaus kam Selenskyj im Jahr 2019 mit dem Versprechen an die Macht, Frieden zu schaffen. Nach der Wahl rief er zu neuen Treffen im Normandie-Format auf, ordnete den Rückzug der ukrainischen Streitkräfte von der Demarkationslinie und die Einrichtung von entmilitarisierten Zonen im Donbass an, wofür er von der neuen ukrainischen Opposition scharf kritisiert wurde. In seiner Neujahrsansprache im Jahr 2020 versuchte Präsident Selenskyj ein umfassenderes Konzept der ukrainischen Identität zu skizzieren, wobei er jeden direkten Bezug zur nationalen Geschichte und zu sprachlich stark abgezirkelten Identitäten vermied. Er betonte wiederholt die Notwendigkeit einer inklusiveren Geschichts- und Sprachpolitik: «Es spielt keine Rolle, wer du bist (...) wessen Denkmal es ist, wenn du dort auf deine Geliebte wartest (...) [und] wie die Straße heißt, wenn sie beleuchtet ist.» Der Populismus von Selenskyj beruhte darauf, die nationalistische Mobilisierung herunterzuspielen: «In unserem Pass gibt es keine Zeile, in der steht, ob man ‹Patriot›, ‹Maloros› [pejorativer Ausdruck für Ukrainer, die der russischen Kultur nahestehen], ‹Vatnik› [pejorativer Ausdruck für die pro-russischen/pro-sowjetischen Ukrainer] oder ‹Banderite› [Anhänger des radikalen Nationalistenführers während und nach dem Zweiten Weltkrieg, Stepan Bandera] ist».[1]

Selenskyj vermied in seinen Präsidentschaftsansprachen in den ersten Jahren sowohl sowjetische Geschichtslektionen als auch die Verherrlichung des ukrainischen nationalistischen Untergrunds aus der Zeit des Zweiten Weltkriegs. Im Gegensatz zum vorherigen Präsidenten Poroschenko bezeichnete Selenskyj Russland nicht als Aggressor und die Sowjetunion nicht als totalitäres Regime, das mit den Nazis vergleichbar sei. Auch wenn der Präsident in einer Fernsehserie als Geschichtslehrer gestartet war, präsentierte er seinen ukrainischen Landsleuten als Präsident kein scharf umrissenes historisches Narrativ. Stattdessen waren seine Reden von einer Rhetorik der Versöhnung geprägt. In dieser Hinsicht folgte er einem seiner Vorgänger im Amt, dem ukrainischen Präsidenten Leonid Kutschmas (1994–2005), der den Glutkern historischer Auseinandersetzungen in der politischen Debatte so weit wie möglich auszublenden versuchte und überhaupt in historischen Schuldfragen auf Amnesie gesetzt hatte.[2]

Doch auch wenn Selenskyj als Präsident versöhnlichere Töne anschlug, veränderte sich die Praxis der ukrainischen Geschichtspolitik – entgegen der weit verbreiteten Erwartung – nicht grundlegend. So sprach sich der neue Leiter des ukrainischen Instituts für Nationales Gedenken, Anton Drobowytsch, zwar gegen die Apotheose identitäts-politisch stark aufgeladener Zentralfiguren der ukrainischen Geschichte aus, erklärte jedoch auch, dass das Institut, von einigen Korrekturen und Reformen abgesehen, seinen bisherigen Kurs fortsetzen werde. Zu den neuen Akzenten gehörten die «Dekommunisierung», das heißt die Loslösung vom kommunistischen Erbe, die Bemühungen um die internationale Anerkennung der Großen Hungersnot, des Holodomor, als Völkermord am ukrainischen Volk und die Stärkung der Rolle des Instituts bei der Bekämpfung russischer Aggressionen.[3]

Ab dem Sommer 2021 musste Selenskyj dann auf geschichtspolitisch gespickte Reden von Präsident Putin reagieren, die mit imperial sich ausdehnenden Argumentationsketten die Expansionspläne des Kremls zu legitimieren versuchten. So wurde Selenskyj schließlich doch in die Rolle eines «Geschichtslehrers des Volkes» wider Willen gedrängt. Ähnlich wie sein politischer Rivale und Vorgänger Poroschenko musste Selenskyj somit zunehmend zwei widersprüchliche politische Agenden miteinander verbinden. Er musste einerseits eine integrative Erzählung für die ukrainische Nation stiften und andererseits einer russischen politischen Propaganda entgegenarbeiten, die sich Geschichte zur Legitimation eines Angriffskrieges einverleibte. Im August 2021, während der offiziellen Feierlichkeiten zum dreißigsten Jahrestag der Unabhängigkeit der Ukraine, wurde Selenskyjs balancierende Erzählung der ukrainischen Geschichte als historisches Nationaldrama auf der Kiewer Hauptstraße Chreschtschatyk nachgespielt.[4] Die volkspädagogische Inszenierung verwandte nationale und sowjetukrainische Narrative, wenn auch mit großer Vorsicht. Beobachtern fiel etwa auf, dass es keinerlei Hinweise auf den ukrainischen nationalistischen Untergrund aus der Zeit des Zweiten Weltkriegs oder auf die stalinistische Deportation der Krimtataren und anderer Völker gab. Viele andere zentrale, auch traumatische Momente und Leidensgeschichten der ukrainischen Nation wurden hingegen thematisiert. Neben der Großen Hungersnot, die nach 1991 zum zentralen Bestandteil einer nationalen Opfererzählung wurde, gab es auch Verweise auf den Holocaust. Die sowjetische Ära nach dem Zweiten Weltkrieg wurde als ambivalentes Erbe dargestellt, als eine anfangs euphorische, fröhliche und friedliche Zeit, die von der Verfolgung von Dissidenten und von tödlichen Fehlern wie der Katastrophe in Tschernobyl immer mehr überschattet wurde. Die Zeit nach der Unabhängigkeit schließlich wurde mit sportlichen Erfolgen, mit wissenschaftlichen Durchbrüchen und mit einer Serie von Revolutionen illustriert – der «Revolution auf Granit» von 1990, der «Orangen Revolution» von 2004/05 und dem «Euromaidan» von 2013/14. Obwohl Selenskyj an keiner der jüngsten ukrainischen Protestwellen als Demonstrant aktiv teilgenommen hatte, war er bereit, an deren demokratische Versprechen anzuknüpfen. Auch wenn einige Experten sich kritisch äußerten, war die im Fernsehen übertragene Show ein großer Publikumserfolg. In der Schlussszene bahnte sich ein kleines Mädchen, das die Ukraine symbolisierte, seinen Weg durch das Chaos und den Rauch des Maidan, der annektierten Krim und der Schlachtfelder des Donbass in eine friedliche, glückliche Zukunft, in der die Soldaten nicht mehr kämpfen müssen, sondern sich wieder mit ihren Familien vereinen können.

Doch anstatt eine neue helle Seite ihres Geschichtsbuches aufzuschlagen, musste sich die ukrainische Gesellschaft schon bald mit Krieg, Dauerbombardement und Terror auseinandersetzen. Nach dem russischen Angriff blieb Selenskyj keine andere Wahl, als auf Putins historisch aufgerüstete, chauvinistische Rhetorik zu reagieren. Gezwungenermaßen musste er nun als Präsident die Rolle des ersten «Geschichtslehrers» der ukrainischen Nation übernehmen.

Vasyl Holoborodkos Kolleginnen auf der Flucht

Auch viele andere, ganz reale ukrainische Geschichtslehrer zwang die russische Militäraggression, die ja schon 2014 begann und 2022 in eine umfassende Invasion überging, die verflochtene russisch-ukrainische Geschichte noch einmal neu nach historischen Lektionen abzusuchen. Dies gilt insbesondere für die vielen Pädagogen, die aus den Regionen Krim und Donbass fliehen mussten. Im Jahr 2016 habe ich im Rahmen des Projekts «Displaced Memories» gemeinsam mit Kollegen zwei vertriebene Geschichtslehrerinnen mittleren Alters interviewt: «Anna», die vor dem militärischen Konflikt in ihrer Heimatregion Donbass fliehen, und «Irina», die die Krim nach der Besetzung durch Russland im Jahr 2014 verlassen musste.[5]

Vor dem Krieg unterrichtete Anna an einer ukrainisch-sprachigen Schule. Während des Interviews im Jahr 2016 zog sie es jedoch vor, Russisch zu sprechen, obwohl sie sich als ukrainisch und zweisprachig bezeichnete. Anna berichtete nur wenig über ihre früheren Erfahrungen als Lehrerin im Donbass, begründete aber ihre Entscheidung für den Umzug mit der Gefahr, die von den pro-russischen Separatisten ausging: «Wissen Sie, an unserer Schule mussten der Direktor und ich pro-ukrainische Plakate abnehmen, als die DPR [quasi-staatliche Entität ‹Donezker Volksrepublik›] in die Schule kam. Diese Kinder haben in ihrem jugendlichen Maximalismus pro-ukrainische Plakate gemalt und aufgehängt. Und wir, um nicht zu provozieren, denn es war nicht klar, wer und mit welchen Waffen... alles konnte schiefgehen. Wir mussten ihnen erklären, dass wir uns um unsere Sicherheit sorgen müssen. Und deshalb ... Ich habe sogar jetzt eine Gänsehaut, es tut mir sehr leid für diese Kinder, denen jetzt wirklich das Mutterland weggenommen wurde!»

Anna legte keinen besonderen Wert darauf, sich als Ukrainerin oder Bewohnerin des Donbass darzustellen, vielmehr pochte sie auf ihre sowjetische Identität: «Ich habe fünfzehn Jahre lang in der Schule gearbeitet. Und ich habe mein Kind, das dort geboren wurde, im Donbass. Ja, auf dem Gebiet von Donezk, und er ist bereits Ukrainer. Ich bin immer noch ein Kind der Sowjetunion, denn ich habe die meiste Zeit meines Lebens, nun ja, einen Teil meines Lebens in der Sowjetunion verbracht. Und mein Kind und meine Schüler wurden bereits in der Ukraine geboren und sind unter den Bedingungen der Staatsgründung aufgewachsen, und sie lieben die Ukraine wirklich.»

Anna betonte in unserem Gespräch auch, wie fremd und geradezu minderwertig sie sich in Polen fühle. Bei dem Versuch, ihren Platz im neuen Umfeld zu finden, wurde Anna mit der polnischen nationalen Geschichtsschreibung konfrontiert, in der die polnisch-ukrainischen Feindseligkeiten und die ethnischen Säuberungen in der Region Wolhynien eine zentrale Rolle spielen. Die Flucht nach Polen brachte sie dazu, die ukrainische Geschichte aus einem neuen Sehewinkel zu betrachten: «Und wenn man hierher kommt, ist es ein komplettes schwarzes Loch und man versteht es nicht, es ist unverständlich. Ich muss zugeben, dass ich bis zu diesem Jahr nicht einmal wusste, was Wolhynien ist (...), obwohl ich vier Jahre lang in der Ukraine Geschichte unterrichtet habe. In der Schule waren es nur ein paar Zeilen in den Geschichtsbüchern, es wurde totgeschwiegen. Wenn man hier ankommt, versteht man, dass Geschichte auf unterschiedliche Weise interpretiert werden kann (...) Und wenn man hierherkommt, sieht man den Schmerz der Menschen. Ich sehe den Grund für den Konflikt mit der Ukraine. Ich kenne viele Polen, einer von ihnen ist Historiker. Sie haben mir ihre Position erklären müssen, denn ich hatte blinde Flecken.»

Irina, die früher als Geschichtslehrerin an einer russischen Schule auf der Krim unterrichtete, entschied sich, während des Interviews Ukrainisch zu sprechen, obwohl sie am Ende des Gesprächs zugab, dass ihre Staatsangehörigkeit und ihre Muttersprache Russisch sind. Ähnlich wie Anna flüchtete sie mit ihrer Familie nach Polen und hatte vor 2014 nur wenig Kontakte mit der polnischen Gesellschaft. Wie Anna sprach auch sie kaum über ihre früheren Erfahrungen als Lehrerin, begründete aber ihre Entscheidung zum Umzug damit, dass sie nicht nach den Maßgaben des neu eingeführten russischen Schulprogramms unterrichten wollte: «Ich verstehe nicht, wie man ein Leben auf einer Lüge aufbauen kann! Es tut mir leid. Wie ist das möglich¿ Ich war nicht in der Lage, weiter an der Schule zu arbeiten. Also sagte ich zu allen: ‹Wie können wir den Kindern die Lüge erzählen, dass es so und so ist¿›»

Besonders störte sie die «Sowjetnostalgie», also die «Fanatiker – diese Babuschkas, die hoffen, dass die Sowjetunion zurückkehrt», und «das Gefühl der nationalen Überlegenheit und die Intoleranz gegenüber meinen Meinungen». Sie gab jedoch zu, dass sie lange gebraucht hatte bis sie nachvollziehen konnte, wie problematisch der russische Patriotismus ist: «Ich dachte, das ist ein Ausdruck der Liebe zu unserer Stadt. Wir lieben die Geschichte. Und die Kinder sind so erzogen worden, dass sie das respektieren. Das fand ich sehr schön.» Erst später verstand sie, dass es unmöglich war, Dissens darüber zu äußern. Am Gedenktag von Taras Schewtschenko, des größten ukrainischen Dichters, der auch Teil des sowjetischen Literaturkanons war, wurde sie vom pro-russischen Mob angegriffen. «Sie kamen mit Peitschen und Metallstöcken. Wir sind mit Worten, und sie sind mit ihren Peitschen auf uns los. Und dann haben sie uns auch noch vorgeworfen, dass die Banderiten gekommen sind.» Nach diesem Zwischenfall forderte ihre Familie Irina auf, die Krim zu verlassen.

Irina erinnerte sich, dass sie sich bei ihrer Ankunft in Polen sofort mit dem neuen Umfeld solidarisch verbunden fühlte: «Ich hatte das Gefühl, das ist meine Stadt, das ist mein Land, nur aus irgendeinem Grund sprechen die Leute eine andere Sprache!» Um die Erteilung eines Visums zu erleichtern, bediente sich Irinas Familie der Strategie der «Entdeckung» einer vergessenen ethnischen Herkunft: «Der Ehemann berichtet vom Krieg, 1939. Das Leben für seine Familie war schwierig. Er hatte eine Stiefmutter. Und er weiß auch, dass die Mutter seines Vaters Polin war. Aber wir konnten noch keine Papiere finden, wir wissen nicht, wo wir suchen sollen.» Diese Konstruktion diente als Argument für die Zugehörigkeit zu Polen; Irina hielt aber gleichzeitig auch Kontakt zur lokalen ukrainischen Gemeinschaft: «Es gibt das ukrainische Haus, dort finden Veranstaltungen statt, zu denen Ukrainer und Polen eingeladen werden. Einige Schriftsteller, politische Persönlichkeiten. Ich gehöre dazu, das ist es, was mich interessiert.»

Überraschenderweise gingen meine beiden Gesprächspartnerinnen praktisch nicht auf historische Ereignisse oder einzelne Zentralfiguren ein. Sie hielten keine Vorträge über Geschichte, machten keine historischen Schuldzuweisungen. Ihre Erzählungen richteten sich fast ausschließlich auf das «Jetzt» oder auf die «Zukunft», die sie sich außerhalb ihres Heimatlandes und ihrer Region vorstellten. Um sich in der neuen Gesellschaft zurechtzufinden, mussten sich beide in einer ihnen zuvor unbekannten polnischen Geschichtskultur orientieren. Als nach dem Februar 2022 Millionen von Ukrainern ins Ausland fliehen mussten, wurde ihnen erst klar, wie wenig sie über ihre europäischen Nachbarn wussten und wie wenig umgekehrt die Menschen im Ausland die Ukraine kannten.

Obwohl Anna und Irina aus den ukrainischen Regionen stammen, die oft als besonders «pro-russisch» bezeichnet werden, bestätigen sie nicht die Vorstellung von scharf getrennten ethnischen und sprachlichen Zugehörigkeiten. Ihre Identitäten sind vielschichtig verwoben, ohne klare Grenzen zwischen transnationalem (sowjetischem), nationalem (russischem und ukrainischem), regionalem und lokalem Patriotismus. Ihr Studium der sowjetischen Geschichte führte offenbar nicht zu einer exklusiven pro-russischen politischen Orientierung. Auch die ihnen seit der Kindheit vertraute sowjetisch-ukrainische Erzählung kann keine plausible Erklärung für die aktuellen Geschehnisse auf der Krim oder im Donbass bieten. Das zunehmend dominanter werdende ukrainisch-nationale Geschichtsbild lehnen sie weder ab, noch nehmen sie es vollständig an, sondern sehen es eher als eine Option für die nächste Generation von Ukrainern aus dem industriellen Osten und Süden.

In der letzten Folge der ersten Staffel von *Diener des Volkes* erscheint dem zum Präsidenten gewordenen Geschichtslehrer während einer Talkshow eine furchteinflößende Gestalt im Kostüm des 16. Jahrhunderts. Iwan der Schreckliche versichert Holoborodko: «Bleibt tapfer, Blutsbrüder, bald befreien wir euch!» Darauf antwortet dieser: «Nein danke, wir müssen nicht befreit werden (...) Wir gehören zu Europa. (...) Sie gehen einen Weg, wir gehen einen anderen. Gehen wir getrennte Wege und sprechen uns in 300 Jahren wieder.» Die Szene mutet heute fast prophetisch an.

Im Gegensatz zu den Pädagoginnen Anna und Irina blieb Wolodymyr Selenskyj nicht nur in der Ukraine, sondern nahm eine gewaltige politische Herausforderung an. Während die Geschichtslehrerinnen durch ihre Flucht gleichsam aus allen etablierten historischen Narrativen fielen, musste aus dem fiktiven Geschichtslehrer ein nationaler Geschichtspädagoge werden. Nach dem 24. Februar 2022 begann Selenskyj, sich von seinen früheren moderaten Geschichtsbildern zu distanzieren. Der Schock des Angriffs auf das eigene Territorium machte Geschichte im Abwehrkampf zu einem Instrument nationaler Sinnstiftung für die Ukrainer, insbesondere für diejenigen, die sich angesichts der brutalen russischen Bedrohung zunehmend mit der ukrainischen Sache identifizieren. Es ist heute schwer vorherzusagen, wie ukrainische Geschichte nach dem Krieg gelehrt werden wird. Auch wenn der Krieg für viele junge Ukrainer das generationsstiftende Ereignis darstellt, so bedeutet er doch keineswegs für alle die gleiche Erfahrung. Am Ende wird vor allem der Ausgang des Krieges darüber entscheiden, welche Lehren sie aus der Vergangenheit ihres Landes ziehen werden.

Aus dem Englischen von Daniel Schönpflug

1 https://tsn.ua/politika/davayte-kozhen-chesno-vidpovist-na-vazhlive-pitannya-hto-ya-novorichne-privitannya-prezidenta-zelenskogo-1468050.html.

2 Für eine vergleichende Perspektive auf die Ansprachen ukrainischer und russischer Präsidenten siehe Viktoria Sereda: Istoricheskiy diskurs i natsional'noye proshloye v ofitsial'nykh rechakh prezidentov Ukrainy i Rossii, in: Natsional'no-grazhdan skiye identichnosti i tole rant nost'. Opyt Rossii i Ukrainy v period transformatsii. Hg. von L. Drobizhevoy / Ye. Golovakhi. K. Institut sotsiologii NAN Ukrainy; Institut sotsiologii RAN 2007.

3 https://p.dw.com/p/3UyXm?maca=uk-EMail-sharing.

4 Vgl. https://www.president.gov.ua/en/videos/dnk-ukrayini-ta-ukrayinciv-vidvojovuye-svoye-1921.

5 Beide Namen sind geändert, um die Anonymität zu wahren.

Vinzenz Hediger

Tagebuch eines Eschatologen

Paul Morand liest Dostojewski

Selten wurde eine auf Anhieb als historisch eingestufte Rede vom Redner selbst so schnell und gründlich dementiert wie die «Zeitenwende»-Rede von Bundeskanzler Olaf Scholz vom 27. Februar 2022. Die Ankündigung neuer Wehrausgaben im Umfang von 100 Milliarden Euro stellten durchaus einen Bruch mit der Sicherheits- und Außenpolitik Deutschlands nach 1945 dar. Auf eine weitere Ankündigung, den Umbau der deutschen Energie- und Industriepolitik betreffend, wartete man indes vergeblich. Mit billiger russischer Energie hatte Deutschland seine aus dem 19. Jahrhundert stammenden Schlüsselindustrien, namentlich Chemie, Auto und Stahl, vom Konkurrenzdruck der zweiten Globalisierung im 21. Jahrhundert entlastet und sich damit selbst eine Falle gestellt. Die Rede von der «Zeitenwende» lässt sich auch als Versuch lesen, das Verstricktsein in dieser Falle als politisch kluges, staatsmännisches Handeln auszugeben. Dass «Zeitenwende» ein Slogan blieb, tat der Resonanz des Begriffs allerdings keinen Eintrag. Schnell emanzipierte er sich vom Herkunftskontext und wurde zu einem jener Kollektivsingulare wie «Nation», «Geschichte» oder «Revolution», die Reinhart Koselleck einmal als «Erfahrungsstiftungsbegriffe» bezeichnet hat: Zugleich präzise und unscharf genug, um einen Erwartungs- und Handlungshorizont zu schaffen, den einleuchtend zu finden auch ohne detailliertes Regierungsprogramm leichtfällt. Mit seinem Anklang an das Denken der Apokalypse ist «Zeitenwende» zudem ein Kandidat für Carl Schmitts Inventar der politischen Zentralbegriffe, die säkularisierte theologische Begriffe seien. Jedenfalls wirft die Resonanz des Begriffs unter Ermangelung eines konkreten Inhalts die Frage auf, welche Erfahrung «Zeitenwende» denn nun genau stiftet. Ist er wirklich nur ein Palliativkonzept, mit dem ein in Pfadabhängigkeiten gefangener Staatenlenker herbeibehauptet, wofür die Kraft noch fehlt, und das seinem Land erlaubt, noch etwas länger in selbstgefälliger Gemütlichkeit dahinzuschlummern, oder beschreibt es doch eine kollektive Handlungsbereitschaft? Auf das Comeback der Geopolitik des 19. und 20. Jahrhunderts und den Versuch Russlands, die gesamte eurasische Landmasse unter seine Kontrolle zu bringen, antwortet die «Zeitenwende» auf jeden Fall mit Chronopolitik: Statt Land und Raum verspricht der Begriff, Zeit zu organisieren. Welche Zeit aber wird hier gewendet, wohin, wie und von wem?

Der schreibende Diplomat und der Prophet

1948, dem Jahr der Berlin-Blockade, der Abwendung Jugoslawiens von der Sowjetunion und der Abschottung des sowjetischen Blocks vom Westen, veröffentlicht Paul Morand in Paris einen buchlangen Essay mit dem Titel *L'Europe russe annoncé par Dostojevski*. Morand ist einer jener schreibenden Diplomaten wie Jean Giraudoux, Saint-John Perse (bürgerlich Alexis Léger, der Nobelpreisträger von 1960) oder Romain Gary, die in Frankreich mitunter nach der Adresse des Außenministeriums unter dem Label «littérature d'Orsay» gruppiert werden. Von Gary, einem litauischen Juden, der im Zweiten Weltkrieg als Kampfpilot in De Gaulles Exilarmee diente und in seinem ersten Roman *Education européenne* von 1945 den Partisanenkampf gegen die Nazis im Baltikum schildert, unterscheidet Morand, dass er ein Kollaborateur war und zusammen mit Louis-Ferdinand Céline, Pierre Drieu La Rochelle und Lucien Rebatet zu den Schriftstellern gehörte, die trotz ihres offenen Antisemitismus kanonisch wurden und es noch heute sind. Morand wurde 1968 sogar in die Académie française gewählt; eine erste Kandidatur war 1936 gescheitert, und eine zweite hatte De Gaulle 1958 persönlich blockiert.

Das kleine Buch über das europäische Russland, das uns Dostojewski ankündigt, schrieb Morand im Schweizer Exil, in das er sich nach Kriegsende vorübergehend zurückgezogen hatte. Das Buch basiert in erster Linie auf einer Lektüre von Dostojewskis *Tagebuch eines Schriftstellers*, das von 1873 bis zu seinem Tod 1881 erschienen war, ab 1876 sogar als eigenständige Zeitschrift, und das zu seiner Zeit überaus populär war. André Gide hatte über das *Tagebuch* 1938 geschrieben, dass es enttäuschend sei und voller Prophezeiungen stecke, von denen sich keine bewahrheitet habe. Zehn Jahre später liest Morand das *Tagebuch* im Licht der Erfahrungen des Zweiten Weltkriegs und des beginnenden Kalten Kriegs, aber auch als Autor in der Linie von Joseph de Maistre, von dem er den Satz zitiert, dass jede politische Schöpfung von Dauer auf einer Idee des Göttlichen aufruhe, als Umriss einer «transzendentalen Außenpolitik». Deren Ziel ist das Verschwinden der traditionellen Außenpolitik und das Aufgehen aller ethnischen Differenzen in einer neuen christlichen Weltordnung unter der Führung Russlands. Dostojewski ist dabei als Außenpolitiker zunächst einmal recht unoriginell. Sein Europa besteht aus den Großmächten Frankreich, Deutschland, Russland und Großbritannien sowie am Rande noch Österreich-Ungarn. Kleinere Akteure sind nicht geschichtsmächtig, eine imperialistische Sichtweise, die bis heute unter dem Namen «Realismus» überlebt. Auch Dostojewskis Diagnose, dass (West-)Europa vor dem Untergang stehe, ist nicht neu: Es handelt sich um einen Topos der Romantik, den etwa Chateaubriand im zweiten Band der *Memoires d'Outre-Tombe* breit ausfaltet. Was ihn für Morand interessant macht, ist seine eschatologische Perspektive und das, was Morand für seine prophetische Gabe hält. Er sieht Dostojewski eben nicht wie Gide als gescheiterten Wahrsager, sondern als jemand, der die Zukunft so liest wie ein Historiker die Vergangenheit und dort am Horizont eine Alternative zum säkularen Liberalismus des Westens sich abzeichnen sieht. Die Originalität Morands besteht darin, dass er das vermeintlich säkulare Sowjetimperium, mit Dostojewski als Katechon, als eschatologische Gegenkraft zum säkularen Liberalismus und als Vorstufe zu einem neuen christlichen Europa liest.

Dostojewskis Verhältnis zu Europa ist zutiefst ambivalent. Er ist ein Verehrer Frankreichs und der französischen Literatur und sieht zugleich in der Nachfolge Chateaubriands Europa vor dem Zusammenbruch, geschwächt von den politischen Kämpfen der katholischen Kirche mit der weltlichen Macht und vom Individualismus der Moderne. Zugleich fürchtet sich Dostojewski vor der Demütigung Russlands durch Europa. Fasziniert ist er besonders von dem neu gegründeten Deutschen Reich, das nach dem preußisch-französischen Krieg im Westen keine Freunde mehr habe und, ohnehin fragil, auf Russland angewiesen sei, zugleich aber auch eine Bedrohung für Russland darstelle. Sein Russland-Bild oszilliert dabei zwischen Außenseiterpose und Opferdiskurs einerseits und hegemonialem Überschwang andererseits. Morand zitiert Ernest Renan, der das 19. Jahrhundert mit Blick auf Russland zur Epoche erklärt, in welcher der Sklave über den Herrn triumphiere. Eine der Wunden Russlands werde es dereinst sein, von den Deutschen zivilisiert worden zu sein, und die Akademie von St. Petersburg werde es der von Berlin ähnlich übelnehmen, dass sie zunächst deutsch war, wie es die Berliner Akademie kaum verkraften konnte, halb französisch gewesen zu sein.

Der Prozess der Zivilisation als Abfolge von Demütigungen und Selbstüberhebungen, die sich von Paris aus nach Osten fortpflanzt: Mit diesem Schema lässt sich auch Dostojewskis imperiale Eschatologie verstehen, wenn auch von seinem Ende her. Jede große Nation strebe danach, universell zu sein, so Dostojewski, und Russlands Mission sei es, das christliche Europa, in dem Kirche und Staat und Religion und Politik wieder zusammenfinden, auf Erden auferstehen zu lassen, mit Moskau als neuem Byzanz. **Русский мир**, Russki Mir, ist ein Schlüsselkonzept des russischen Imperialismus des 19. und 20. Jahrhunderts, die Vision einer kontinentalen Welt- und Friedensordnung («Welt» und «Frieden» sind im Russischen ein Wort, im Unterschied zum Ukrainischen, wo **світ** für «Welt» steht und **мир** für «Frieden»), die der Zugehörigkeit zur russischen Sprache und Kultur entspringt. Dostojewski verleiht diesem universalistisch sich gebenden Sprachnationalismus eine heilsgeschichtliche Dimension. Auf dem Höhepunkt der atomaren Abschreckung wagte der Dramatiker Friedrich Dürrenmatt einmal eine prophetische Sentenz, die den weltanschaulichen Großmachtwettstreit auf eine pragmatische Alternative reduziert. Die Welt, so Dürrenmatt, «wird entweder verschweizern oder untergehen». Für Dostojewski hingegen steht Europa vor der Alternative, unterzugehen oder im russischen christlichen Imperium aufzuerstehen. Als Widerpart zum bürgerlichen Individualismus des Westens und Gegenentwurf zu den Verwerfungen der modernen Gesellschaft versteht sich Dostojewskis Imperium auch als christlich in dem Sinne, dass es denen, die es umfasst (man könnte auch sagen: kolonisiert), nicht Wohlstand und Fortschritt verspricht, sondern sich im Bedarfsfall durch ein Pathos der Armut und der Dignität des Leidens legitimiert.

Eine solche Vision 1948 für relevant zu halten, wie Morand es tut, erfordert eine besondere Form der historischen Imagination. Für Morand ist Dostojewski ein «überlegener Initiierter», in dessen Tagebuch sich, ähnlich wie unter einer täuschenden realistischen Oberfläche in seinen Romanen, eine esoterische Traditionslinie verfolgen lässt. Was Dostojewskis Vision für Morand Plausibilität verleiht, ist unter anderem die Tatsache, dass Stalin aus machtpolitischem Kalkül die orthodoxe Kirche in den 1940er Jahren gezielt revitalisiert hat. Die Einheit von Staat und Kirche aus Zeiten des Zarenreichs stellt Stalin wieder her, indem er KGB-Agenten zu Priestern umfunktioniert. Morand fällt auch das hohe Ansehen auf, das Dostojewski in der Sowjetunion genießt. Er erklärt es damit, dass er durch und durch Russe sei und die Sowjetunion eben ein durch und durch russisches Herrschaftsprojekt. Dostojewski sei, so endet Morands Buch, einfach zu weitsichtig gewesen: «Il avait seulement un rayon visuel trop long pour ses contemporains.»

Die Chronopolitik der Zeitenwende

Wie ist Morands Unterfangen zu werten, ein politisches *Tagebuch* des 19. Jahrhunderts als Heuristik für das Verständnis Russlands im 20. Jahrhundert zu verwenden? Ob die russische Literatur am Krieg Schuld trage, ist im Moment eine viel diskutierte Frage. Aus deutscher Sicht müsste man diese Frage ohnehin breiter diskutieren. Immerhin ist der «pöbelhafte, eigentlich westeuropäische Sprachpurismus» Russlands nach Puschkin, wie so vieles in der russischen Welt, ein Import aus Deutschland, wie Joseph Roth einmal festhielt, mit einer Formulierung, die an Renans Überlegungen zur progressiv-dialektischen Osterweiterung der europäischen Zivilisation erinnert. Faszinierend ist Morands Dostojewski-Lektüre aber nicht zuletzt deshalb, weil sie sich auch als Interpretament der geopolitischen Strategie des postsowjetischen Russland zu bewähren scheint. Tatsächlich wirkt vieles mit Blick auf das Russland des 21. Jahrhunderts noch zu vertraut. Russland war immer schon, wie unter anderem Alexander Etkind gezeigt hat, eine Kolonialmacht auf eigenem Territorium. Den Anspruch auf Landnahme und Unterwerfung im Namen eines geschichtsphilosophischen Auftrags, den Dostojewski im *Tagebuch* rechtfertigt, hat Putin mit dem Angriff auf die Ukraine wieder belebt. Die Verachtung für das dekadente Europa, verbunden mit der Furcht vor der Demütigung durch den Westen, stellt einen zentralen Programminhalt der Talk-Shows des russischen Staatsfernsehens dar. Das ständige Drohen mit atomarer Vernichtung ist die aktuelle Version von Dostojewkis Alternative zwischen der Wiedergeburt Europas aus dem Geist des russischen Imperiums und dem Weltuntergang. Der aktuelle Patriarch von Moskau, Kyrill I., ist ein ehemaliger KGB-Agent, und die von Russland «Befreiten» erwartet zunächst einmal Armut und Leiden statt Fortschritt und Wohlstand.

Man kann eine Lektüre, wie Morand sie an Dostojewski anlegt, etwa auch mit Custines *Lettres de Russie* versuchen, verfasst 1839 und veröffentlicht 1841, einem Gegenstück zu Tocquevilles *Démocratie en Amérique* von 1830. Custine, ein Ziehsohn Chateaubriands und adelig-reaktionärer Feind der Revolution, zog es nach Russland, weil er dort einen Gegenentwurf zur repräsentativen Monarchie des zweiten Kaiserreichs zu finden hoffte. Schnell sah er ein, dass er es mit einem Sklavenreich zu tun hatte, dessen Form des Absolutismus gewiss kein Modell für Frankreich darstellen konnte. Über Custines Buch sagte George Kennan, der Architekt der «containment»-Politik des Kalten Krieges, einmal, dass es vielleicht nicht das beste Buch über Russland im Jahr 1839 sei, sicher aber das beste über die Sowjetunion Breschnews. Eine Relektüre nach dem 24. Februar 2022 legt nahe, dass Custine auch Putins Russland noch erklären kann.

Ob solche anachronistischen Lektüren länderkundlich, politikwissenschaftlich oder soziologisch wertvoll sind, ist gewiss debattierbar. Dass sie möglich sind und eine so starke Erklärungssuggestion erzeugen, verweist indes auf etwas anderes. Der imperialen Geopolitik Russlands scheint auch noch im 21. Jahrhundert eine eschatologische Chronopolitik zu entsprechen, wie Morand sie bei Dostojewski ausformuliert findet: eine, die der «leeren Zeit» der westeuropäischen Moderne, die unter dem Namen der «Geschichte» eine geteilte, offene Zukunft für Kollektive handlungswilliger Individuen schafft, eine «substanzielle Zeit» entgegenstellt, in der auf den Sündenfall Westeuropas eine Wende folgt, die sich nicht in einem Jenseits nach dem Ende der Geschichte, sondern auf Erden und durch die – notfalls gewaltsame – «Befreiung» von Raum und ihre Eingliederung ins russische Imperium vollzieht. Die Vereinigung Europas von Lissabon bis Wladiwostok unter russischer Herrschaft, von welcher der ehemalige russische Präsident Medwedew laut träumt und dabei wie eine Bauchrednerpuppe klingt, die Dostojewskis *Tagebuch* aufsagt, ist so gesehen gar kein territoriales Herrschaftsprojekt, sondern ein heilsgeschichtliches Ziel. Das Ziel einer «Zeitenwende» im theologisch-politischen Sinn.

Ob Deutschland keine andere Wahl hatte als sich Russland zuzuwenden, wie Dostojewski meinte, sei dahingestellt. Außer Frage steht, dass Deutschland sich Russland zugewandt hat und sich deshalb nun in Not befindet. «Zeitenwende» meint ja auch ganz konkret, energiepolitisch zum Beispiel, die Abwendung von Russland. Vielleicht muss sich Deutschland in der Zeitenwende aber zuerst einmal seiner eigenen Vergangenheit zuwenden – nicht der einigermaßen bewältigten, für deren Überführung in eine verbindliche Erinnerungskultur das Land viel berechtigtes Lob erhalten hat (nicht zuletzt von eigenen Regierungsvertretern), sondern der noch unbewältigten. Historiker mit Fachgebiet Mittel- und Osteuropa wie Jan C. Behrends haben seit dem 24. Februar immer wieder darauf hingewiesen, dass Deutschland – nicht weniger als Russland – vor einer Aufgabe der internen Dekolonisierung steht. Nicht so sehr die mittlerweile ja in Gang gekommene Restitution von Raubkunst aus der Kolonialzeit des 19. und 20. Jahrhunderts an Herkunftsländer wie Nigeria ist damit gemeint, als vielmehr eine Auseinandersetzung mit weltanschaulichen Erbstücken regionaler Herkunft. Es ist in diesem Zusammenhang durchaus bedeutsam, dass Deutschland zur prominentesten Brache in seiner Hauptstadt nichts anderes eingefallen ist als der Wiederaufbau eines architektonisch mittelmäßigen Stadtschlosses aus dem 19. Jahrhundert, dessen Kuppel Insignien zieren, die vom Ehrgeiz zeugen, ein christliches Weltreich aufzubauen und zu beherrschen. Es ist in ähnlicher Weise bedeutsam, dass Angela Merkel zu Beginn ihrer Amtszeit ein Porträt der Zarin Katharina II. auf ihrem Schreibtisch stehen hatte. Das Porträt war das Geschenk eines ungenannt bleibenden Spenders. Es erinnere sie daran, dass es auch schon früher mächtige Frauen gegeben habe, so Merkel.

Die in Stettin geborene Katharina II. initiierte aber auch die russische Kolonisierung der Ukraine, zu der sie Siedler aus dem heutigen Deutschland einlud, und sie war die erste Herrscherin des moskowitischen Reichs, die einen Anspruch auf die Krim geltend machte und dafür mit der Vertreibung der Krimtataren begann, 150 Jahre vor Stalin. Zu den weltanschaulichen Erbstücken gehören ferner möglicherweise auch die Hartnäckigkeit, mit der gerade auch linke Intellektuelle im Gespräch über den Ukraine-Krieg immer wieder daran festhalten, dass Russland nicht besiegt werden könne (obwohl es doch schon gegen den Afghanistankrieg verloren hatte), und die Beiläufigkeit, mit der die Unterzeichner offener Briefe allen, die zwischen Deutschland und Russland leben und weder Deutsche noch Russen sind, eigenständige historische Handlungsmacht absprechen. In seinem *Tagebuch* schreibt Dostojewski, dass die Franzosen immer katholisch bleiben werden, auch wenn sie dereinst weder an den Papst noch an Gott glauben sollten. «N'est pas athée qui veut», kommentiert Morand diese These knapp: Atheist ist man nicht aus freier Entscheidung. Es wird sich zeigen, ob die freie Entscheidung, mit der die deutsche Politik in diesem Frühjahr sich von Russland abgewendet hat, gegen die eigenen imperialen Dämonen Bestand hat.

Ulrich Raulff

Krieg und Frieden in der Bibliothek

Hochgeehrte Festgemeinde,

angesichts des Bildes, das Sie abgeben, festlich und gestimmt, umgeben von einem der schönsten Säle nördlich des Limes, könnte man auf die Idee kommen, die Bibliothek sei ein Ort des Friedens und eine Insel in einer Welt, die alles andere als friedlich ist. Auch der alltägliche Blick in die Lesesäle der Bibliothek könnte diesen Eindruck hervorrufen, freilich nur, solange man nicht bemerkt, über welch perfiden Kriegslisten und Strategemen die fleißigen Gelehrten brüten, dieweil sie so tun, als ernteten sie die Früchte der Gelehrsamkeit und füllten die Keller ihrer Fußnoten. Die endlosen Reihen von Büchern – nun, man weiß, wie agonal ihre Versammlung ist, wie streitlüstern und wie polemisch; wir haben Jonathan Swift gelesen, *The battle of the books*, und wer das Vergnügen hatte, in der kleinen Hausgeschichte der Herzog August Bibliothek zu blättern, die Peter Burschel kürzlich veröffentlicht hat, wird auf das Eingangszitat von Anatol France gestoßen sein, das denselben Tatbestand notiert: Die Bibliothek ist kein Hain des heiligen Friedens, sondern das Feld einer erbitterten Schlacht, ja, eines *bellum omnium contra omnes*.

Dies alles, werden Sie einwenden, seien Metaphern und satirische Figuren, sie taugten dazu, eine literarische Festgemeinde zu unterhalten oder am Einschlafen zu hindern – für die Welt, die uns umgibt, seien sie belanglos. Aber warten Sie, wir haben noch nicht von den kriegerischen Verwicklungen gesprochen, die ihren Ausgang von der Bibliothek genommen haben. Gewiss, die schöne Helena wurde nicht aus einer Bibliothek entführt, und die Punischen Kriege haben nach allem, was man weiß, auch nicht von dort ihren Ausgang genommen. Aber was ist mit dem Dreißigjährigen Krieg, was mit dem Siebenjährigen? Von der Französischen Revolution und ihren kriegerischen Nachspielen ganz zu schweigen. Je näher wir unserer Zeit kommen, umso wahrscheinlicher wird die initiale Wirkung von Büchern, Traktaten, Flugblättern, von gedruckter Information oder Desinformation. Nur vordergründig sind die konfliktauslösenden Schriften ephemerer Natur – wie eine in einem Kurbad eilig redigierte Depesche –, im Hintergrund stehen vielfach gelehrte Wälzer: umfangreiche philosophische, ökonomische oder anthropologische Werke. Wer vermag abzuschätzen, wie viele Kriege und deren Rechtfertigungen ihren Ausgang von den Schriften genommen haben, die ein deutscher Gelehrter in der Bibliothek des Britischen Museums verfasst hat? Nicht dass in den Schriften von Marx und Engels vom Krieg nicht die Rede gewesen sei, im Gegenteil. Aber die Texte, auf die sich die Ideologen des 20. Jahrhunderts bezogen, handelten von Werten, Waren und Ideen – und nicht vom Krieg. Dasjenige Buch dagegen, das aus der Feder eines in russische Dienste getretenen preußischen Generalstabsoffiziers stammte und den Krieg schon im Titel trug, war alles andere als ein bellizistisches Werk. Clausewitz beschrieb den Krieg in seiner Kontingenz und Destruktivität mit singulärem Wirklichkeitssinn – einem Realismus, der eines Darwin ebenbürtig gewesen wäre. Nur eines enthielt sein Werk nicht, eine Einladung zum Krieg. Noch die großen Kriegsbücher des 20. Jahrhunderts, von Jüngers *In Stahlgewittern* bis zu Schmitts *Theorie des Partisanen*, wie kriegerisch sie sich auch gaben, atmeten den Geist der großen Informationssysteme, aus denen sie schöpften. Auch die «gefährlichen Bücher» waren Kinder der Bibliothek.

Schreiben schafft Freiräume, es erzeugt auch neue Grenzen, Blockaden und Ausschlüsse. Schreiben ist ein Tun, das seine eigenen Horizonte produziert. Schreiben schafft Gegnerschaft, auch da, wo es sich vom Turnierplatz der literarischen Fehden zurückzieht und in den Raum der Bibliothek einschließt. Früher oder später begegnet allen Schreibenden und Lesenden eine bekannte Gestalt. Seit fünf Jahrhunderten hängt, wer eine literarische Provinz behaupten oder erobern will, seinem Gegner ein Etikett um. Darauf steht nicht: mein Feind.

In der Gelehrtenrepublik herrscht ein gepflegter Umgangston. Der Gegner heißt hier: der Pedant. Der Pedant ist Ich und gleichzeitig alles, was Ich nicht sein will und nicht sein soll. Der kreative Prozess, der Prozess des Schreibens, hat Wolfgang Rihm einmal gesagt, sei nur ein anderer Name für Warten, Lauern, Panik. Der Pedant ist alles, was wir nicht sein wollen. Er ist unsere Panik als Gestalt.

Wenn Johann Joachim Winckelmann, Ende 1755 endlich in Rom angekommen, seine Verachtung für die deutschen Akademiker und Schulfüchse zum Ausdruck bringen wollte, behandelte er sie als Pedanten. Eben noch hatte er selbst unter ihnen gelebt und gelitten, jetzt lebte er unter freien Geistern und Künstlern und pries sie als «wahre Philosophen», die in der Stille lebten, sich selbst und die Musen genießend. Ihre Wissenschaft sei von derselben Fröhlichkeit wie der Himmel, unter dem sie wandelten; sie lebten um zu lernen, nicht um zu lehren. Winckelmann war zu belesen, um zu ignorieren, dass ihn seine Tiraden wider die Pedanten und sein Lob der Freigeisterei in eine literarische Tradition stellten. Ihr Schirmherr hieß Montaigne. In der Pedanterie seien wir, schrieb dieser, wie die Vögel, die Körner aufpicken und, statt sie zu verzehren, sie mit dem Schnabel forttragen, um damit ihre Jungen zu füttern: «so pflücken unsere Pedanten ihr Wissen aus Büchern zusammen, fassen es aber nur mit gespitzten Lippen, um es wieder von sich zu geben und in den Wind zu streuen.»

Dieses Bild einer bloß aufpickenden und wieder verstreuenden, unfruchtbar bleibenden Gelehrsamkeit wird in der europäischen Essayistik durchgereicht, nicht selten bedienen sich Komödiendichter – von Molière bis Thomas Bernhard – seiner, gelegentlich greift auch ein Schulphilosoph wie Immanuel Kant zu dieser Bannformel. Erst mit dem 19. Jahrhundert setzen die Fragen nach den seelischen Ursprüngen der Pedanterie ein. Begriff Schopenhauer sie noch als Ausdruck mangelnden Vertrauens in die eigene Denkfähigkeit, so beschreibt Hermann Lipps sie als eine Flucht vor sich selbst und aus der Verantwortung: Der Pedant, der sich an Formalien klammert, «biegt der Angst aus». Da ist sie wieder, die eigene Frage als Gestalt: die Angst.

Das eindrücklichste literarische Porträt eines Pedanten stammt von einer englischen Autorin des Viktorianischen Zeitalters namens Mary Anne Evans. Um Zutritt zum Buchmarkt ihrer Zeit zu erlangen, musste sie unter dem Namen eines Mannes schreiben, deshalb kennen wir sie als George Eliot. Die Figur des Pedanten, der sie zu Weltruhm verholfen hat, trägt den Namen Edward Casaubon, er ist eine der Hauptfiguren ihres 1872 erschienenen Romans *Middlemarch*, der in einer englischen Kleinstadt um 1830 spielt. Mit seinem humanistischen Namensvetter Isaac Casaubon, der gut zwei Jahrhunderte früher die kritische Erforschung der Mythen und Religionen begründete, teilt der englische Kollege neben dem Namen auch das Forschungsgebiet: Er arbeitet an einem monumentalen Werk der Gelehrsamkeit unter dem Titel *A key to all mythologies* – eine Parole, die bekanntlich in Jonathan Franzens jüngstem Roman, *Crossroads*, wiederkehrt.

Dieser englische Patient ist der Pedant par excellence, ein alternder, staubtrockener, humorloser Forscher, der, in geisterhafte Gelehrtenkriege verstrickt, ganze Bibliotheken exzerpiert. Was ihn antreibt, ist die schwindende Hoffnung auf einen Tag des Sieges über seine erfolgreicheren Rivalen. Dass die Herzog-August-Bibliothek von Wolfenbüttel von ihm verschont bleibt, verdankt sie allein der Tatsache, dass Edward Casaubon kein Deutsch liest – ein gravierendes Handicap, denn die große Mythenforschung seiner Zeit, der Romantik, spielt sich in Deutschland ab. Aber statt nach Heidelberg fährt Casaubon lieber nach Rom und hockt sich in die Vaticana. So auch auf seiner Hochzeitsreise. In fortgeschrittenem Alter hat er sich mit einer jungen, idealistischen Frau vermählt, die davon träumt, im Dienst für den bewunderten Gelehrten Erfüllung zu finden. Aber schon in Rom, wo er, statt ihr den Hof zu machen, lieber die Bibliothek belagert, gehen ihr die Augen auf. Sie ahnt, dass ihr Gatte sein Schlüsselwerk nie schreiben wird. Er ist ein Gescheiterter, dessen Pedanterie nur von seiner Schreibhemmung übertroffen wird. Der Schlüssel zu allen Mythologien wird Chimäre bleiben.

Bemerkenswert an George Eliots Bildnis eines alten Pedanten ist das Moment menschlicher Sympathie, das ihr Porträt durchzieht. All seinen Schwächen zum Trotz wird Casaubon nie zum Feindbild. Winckelmann behandelt die angeblichen Pedanten weit schonungsloser. Seine Feinde tragen die Züge barocker Polyhistoren. In die Kritik des Pedanten, die sich seit Montaigne etabliert hat, mischt sich seit der Mitte des 18. Jahrhunderts ein neuer Ton. Es ist der Ton der historischen Verwerfung. Als Pedanterie gilt nicht mehr allein die dürre Gelehrsamkeit, sondern auch eine Systematik des Wissens, in die noch nicht der Wind der Geschichte gefahren ist. Der Pedant sammelt und registriert im alten Stil. Er hat den Moment des *take off* verpasst: Man macht das jetzt nicht mehr so. Diese Erledigung dessen, was bis vor kurzem noch gängige Praxis, kanonische Lektüre war, praktiziert an der Schwelle des 19. Jahrhunderts niemand lakonischer als G. W. F. Hegel. In seinen Vorlesungen über die Geschichte der Philosophie bespricht er das berühmte Hauptwerk eines Rechtstheoretikers des 17. Jahrhunderts. Er konzediert ihm, es sei ehedem «von der höchsten Wirksamkeit gewesen». Dann, kurz und trocken: «es liest es jetzt niemand mehr». Punkt.

Es liest es jetzt niemand mehr. Das berühmte Buch, das Hegel meint, trägt den Titel *De iure belli ac pacis*, Hugo Grotius heißt sein Autor, 1625 ist es erstmals erschienen. Ganz Europa hat dieses Buch seinerzeit gelesen, allein die Wolfenbütteler Sammlungen enthalten aus dem Zeitraum bis Mitte des 18. Jahrhunderts mehr als 25 Exemplare verschiedener Erscheinungsdaten und Erscheinungsorte; darunter ein Exemplar mit eigenhändiger Widmung. Um die Wende zum 18. Jahrhundert existiert eine veritable Grotius-Kommentar-Industrie, an der das ganze gelehrte Europa Aktien hält. Ab Mitte des 18. Jahrhunderts wird es still. Insofern stimmt es, was Hegel sagt, das Werk hat seinerzeit größten Einfluss besessen, jetzt liest es keiner mehr. Jetzt, um 1800, erwartet man eine andere Begründung und Systematik und eine historische Darstellung des Völkerrechts. Das einstmalige Hauptwerk erscheint als barocke Kompilation und Frucht gelehrter Pedanterie.

«Er fällt», schreibt Hegel über den Autor des für die Frühe Neuzeit wichtigsten Buches über Krieg und Frieden, «er fällt ganz in empirisches Räsonieren und Zusammentragen herab.» Im nächsten Augenblick schon dreht Hegel bei und spricht dem Werk einen nicht geringen historischen Wert zu. Zwar sei auch dieser bloß empirischer Art gewesen, doch habe er Bewusstseinstatsachen geschaffen: «Diese empirische Zusammenstellung des Verhaltens der Völker zueinander... hat die Wirkung gehabt, daß... verständige und vernünftige Grundsätze zum Bewußtsein gebracht sind, daß man sie anerkannt hat, daß sie mehr oder weniger annehmbar gemacht worden sind... Wir sind bei solchen Beweisen, Deduktionen unbefriedigt; aber wir dürfen nicht verkennen, was dadurch geleistet ist...» In solchen Augenblicken zeigt Hegel Größe: Der Logiker mag unbefriedigt bleiben, der Praktiker sieht die Leistung.

1583 wird Grotius als Huigh de Groot in Delft geboren. Das meiste in seinem Leben passiert früh und schnell: Beginn des Studiums mit 11 Jahren, Promotion mit 15, im Jahr darauf Niederlassung als Rechtsanwalt im Haag. Zeitlebens schreibt er in unglaublichem Umfang: theologische Traktate, historische Abhandlungen, Lehrgedichte, Versdramen. Seine Geschichte des niederländischen Freiheitskampfes, 1612 abgeschlossen, aber erst postum veröffentlicht, macht ihn zum nationalen Historiographen Hollands und zu einer der wichtigsten Quellen Schillers, als dieser anderthalb Jahrhunderte später die *Geschichte des Abfalls der vereinigten Niederlande* schreibt. Nach der Dordrechter Synode (von 1618–19) wird Grotius, mittlerweile zu hohen Staatsämtern aufgestiegen, als Arminianer gestürzt und zu lebenslanger Haft verurteilt. Versteckt in einer Bücherkiste gelingt ihm zwei Jahre später die Flucht nach Paris. Dort veröffentlicht er im Jahr 1625 – der Dreißigjährige Krieg hat, was freilich niemand weiß, erst ein knappes Viertel seiner gesamten Dauer hinter sich, doch schon stehen seine Grausamkeit und Greuel vor aller Augen – ein weiteres Werk über den Krieg, *De iure belli ac pacis libri tres*. Es ist seine Antwort auf den gewaltsamen Umsturz der Zeit, den er wahrnimmt und reflektiert; es wird seinen Ruhm dauerhaft begründen.

Grotius, der tief christlich geprägte Stoiker, erkennt in dem Krieg der Völker, der Europa verwüstet, das Versagen der Kirchen. Frieden ist von diesen eifernden Mächten nicht zu erwarten. Gott allein ist die Quelle der Gerechtigkeit; wer in einer Zeit wie dieser Gott dienen und die Menschen zur Vernunft bringen will, muss eine Rechtsordnung entwerfen, die den Krieg einbegreift oder «einhegt», wie ein späterer Rechtstheoretiker sagen wird. Die tragfähige Basis für eine solche Ordnung findet Grotius in einem Begriff, den bereits das römische Recht kennt, dem Begriff des *socius*. Dieser ist zugleich die elementare Einheit, gleichsam der Nukleus der sozialen Welt. Grotius verankert seine Lehre vom Recht in Krieg und Frieden in einer Eigenschaft des Menschen, die ihm als dessen allgemeinster Zug gilt, in seiner Soziabilität. Der Mensch hat eine natürliche Neigung, sich in Sympathie mit seinesgleichen zu verbinden. Insofern hat die menschliche Gesellschaft eine innerliche Tendenz zum Frieden. In ihr äußert sich der anthropologische Optimismus seiner Rechtslehre. «Des Grotius Vorstellung von Recht», schreibt einer seiner späteren Deuter, Hasso Hofmann, «ruht... nicht auf irgendwelchen Nützlichkeitserwägungen, sondern auf dem ethisch verstandenen Grunde menschlicher Sozialität und Urteilskraft.»

Die natürliche Sympathie der Menschen untereinander wird durch Verträge stabilisiert, Verträge sichern die Wechselseitigkeit von Recht und Verpflichtung. Sie zu schließen wiederum bedarf es des Vertrauens. Grotius überdehnt die Grundsätze des bürgerlichen Rechts und macht sie zu solchen auch des Völkerrechts; er kennt keinen Unterschied zwischen dem Recht innerhalb der Bürgerschaft eines Volkes und dem der Völker untereinander. Seine juristischen Kategorien sind, modern gesprochen, gleichzeitig soziale, ja soziologische Kategorien. Die kommende Ausdifferenzierung des Rechtssystems liegt noch hinter dem Horizont. Das macht seine unzeitgemäße Lektüre heute wieder so interessant: dass er das Völkerrecht auf derselben Basis errichtet, die auch die bürgerliche Gesellschaft trägt. In unserer Zeit, in der man die kulturell abgefederte Politik zwischen den Nationen als «Außenpolitik der Gesellschaft» oder, noch ein Grad wärmer, der «Zivilgesellschaft» zu definieren liebt, wirken Grotius' vormoderne Ansichten eigentümlich zeitgemäß.

Man liest die frühen Theoretiker des Staats- und Völkerrechts, zu denen neben Grotius und Pufendorf auch einer der Vorgänger von Herrn Burschel, Gottfried Wilhelm Leibniz, gehört, immer im Licht von Krieg oder Frieden, aktuell wieder stärker im Licht des Krieges. So tat es auch einer der interessantesten Leser Grotius', Albert Salomon, als er ihn unmittelbar nach dem Ende des Zweiten Weltkrieges im amerikanischen Exil studierte. Salomon, 1935 aus Deutschland vertrieben, hatte vor dem Ersten Weltkrieg bei Max Weber in Heidelberg gehört, wo er auch mit dem George-Kreis in Berührung gekommen war. In seiner Lektüre von *De jure pacis ac belli* betont er die kontraktuelle Grundlage des Werks. Allerdings sage uns, so lässt Salomon durchblicken, Grotius nicht, was wir tun sollen, wenn einer der Partner die Verträge bricht und das Vertrauen zerstört. Stattdessen biete er eine Liste von sechs Typen der Unwahrheit, die erlaubt seien, etwa wenn ein Herrscher zum Wohle seiner Untertanen lügt oder als ein Mittel, die Wahrheit zu entdecken. Der Horizont, in den Salomon den Kollegen aus dem 17. Jahrhundert stellt, zeigt sich deutlich, wenn er Grotius bescheinigt, dieser habe das Bild einer Kultur des Westens oder «Western civilization» entwickelt, die auf einem aufgeklärten common sense und einem religiösen Geist der Solidarität beruhe. Salomons Auslegung, 1947 erschienen, macht ein Dreivierteljahrhundert später wieder Grotius zum Autor der Stunde.

Ein reines Lesevergnügen wird er deswegen nicht. Überbordend von Zitaten antiker Autoren, Philosophen, Dichter und Rhetoren, Präzedenzfällen aus dem römischen Recht und Weisungen der Bibel scheint sein Text ganz in der Tradition barocker oder humanistischer Prunkrhetorik zu stehen. Es ist, als habe der Autor die Arche, in der ihm die Flucht gelang, die Bücherkiste nie wirklich verlassen. In der Tat ist Grotius durch und durch ein Autor der Bibliothek, doch dient ihm die Fülle der teilweise von weither herangekarrten Zitate nicht bloß zu dekorativen Zwecken (das tut sie auch), sondern als Beweis dafür, dass seine Lehren auf dem besten Fundament ruhen, das sich für eine gelehrte Abhandlung denken lässt: dem Nachweis, dass vernünftige Menschen zu allen Zeiten schon immer so gedacht haben.

Zu dem Zeitpunkt, als Grotius' Werk über das Recht in Krieg und Frieden erstmals in Paris, dem Ort seines Exils, erscheint, 1625, existiert die Universität Löwen seit genau 200 Jahren. Sie ist die älteste Universität im Bereich der Niederlande. Eine eigene Bibliothek erhält sie erst zwölf Jahre später, rasch füllt sie sich mit Büchern und Manuskripten; fast drei Jahrhunderte lang ist sie ein Juwel und Knotenpunkt im Wissensverkehr des nördlichen Europa. Das 20. Jahrhundert wird ihr zum Verderben. Gleich zweimal, 1914 und 1940, geht die Bibliothek in Flammen auf; beide Male waren es deutsche Truppen, die das Feuer legten oder durch Beschuss herbeiführten. Der erste fatale Brand im August 1914 war ein Werk gezielter Brandstiftung. Die Zerstörung der Bibliothek von Löwen war kein versehentlicher Kollateralschaden.

Das muss man im Gedächtnis behalten, wenn sich heute wieder die Frage stellt, ob es sich bei den Zerstörungen von Theatern und Museen, von Kirchen und Gedenkorten wie Babyn Jar in der Ukraine um ungewollte Begleitumstände des Krieges handelt oder um gezielte Angriffe auf das kulturelle Gedächtnis des Landes, dem der Aggressor die nationale und kulturelle Identität abspricht. Kulturgutzerstörung als integraler Teil der Kriegführung ist keine Erfindung der jüngsten Zeit, schon die Römer haben sie praktiziert, als sie den Pflug über Karthago führten. Aber die Fälle mehren sich, in denen Tempel, Museen und Bibliotheken zu Objekten gezielten Kriegshandelns werden.

Es gibt dafür einen neuen Begriff. In Anlehnung an das von den Balkankriegen bekannte «ethnic cleansing» bezeichnet die Unesco neuerdings Kriegsverbrechen, welche die Auslöschung von Sprache und Kultur des Kriegsgegners zum Ziel haben, als «cultural cleansing». Kulturelle Säuberung: Das klingt als Begriff so zynisch, wie es als Praxis ist. Die Population, die zum Objekt und Opfer einer solchen Säuberung wird, soll um den Kern ihres Selbstbewusstseins gebracht werden; sie soll buchstäblich nicht mehr wissen, wer sie war und woher sie kam. Der Angriff auf das Kulturgut einer Nation oder Gruppe zielt auf ihr Bewusstsein, ihre Identität. Es wäre falsch, den russischen Präsidenten, wenn er den Ursprung des heiligen Russland aus der Kiewer Rus beschwört, als Amateurhistoriker, wenn nicht als identitären Irren zu begreifen. Sein Wahn, wenn es einer ist, was ich bezweifle, ist kein Privatwahn. Diese historischen Theorien vom Ursprung und der Geschichte Russlands sind integrale Bestandteile eines Kampfes um historische Identitäten. Es geht nicht mehr wie zu Zeiten des Stalinismus allein darum, Personen zu beseitigen; es geht darum, das Wissen ganzer Völker zu liquidieren: das Wissen, woher sie kamen und was sie wussten und konnten. Niemand soll mehr wissen, wo seine Wurzeln waren.

Die Zeit ist vorbei, in denen Kriege um Ideologien

geführt und Menschen umgebracht wurden, weil sie auf die falschen Bücher schworen. Jetzt sollen mit den Menschen auch die Bücher und Bibliotheken ausgelöscht werden. Die Überlebenden sollen nicht mehr wissen, wer sie waren, bevor der Krieg begann; sie sollen ihre Sprache und ihr Gedächtnis verlieren. Das muss man mithören, wenn heute von «Neutralisierung» geredet wird. Hybride Kriegführung zielt unmittelbar auf das Gedächtnis der Angegriffenen. Hermann Parzinger spricht in diesem Zusammenhang von der «gewaltsamen Unterbrechung von Erinnerung». Die Unesco, die in Verbindung mit der Organisation Blue Shield und im Rahmen von Friedensmissionen für den Erhalt des kulturellen Erbes kämpft, stellt fest, dass das Weltkulturerbe immer mehr zu einem Hauptkriegsziel wird. Ortsnamen wie Palmyra, Aleppo und Timbuktu erinnern daran, was auf dem Spiel steht.

Gewiss können die kleinen Schilder mit der blauen Raute die Gebäude und Einrichtungen, die sie tragen, nicht verlässlich vor Vernichtung und Verletzung schützen. Das blaue Schild ist kein Amulett, kein Abwehrzauber, der unfehlbar Schutz gewährt. Verzichtbar ist es deswegen nicht. In den Augen seiner Kritiker markiert es lohnende Ziele. In den Augen seiner Befürworter sagt es: Dieser Ort verdient besonderen Schutz. Er repräsentiert alles, was wir können, alles, was wir wissen, alles, was wir sind. Es scheint mir zwingend geboten, auch die Herzog August Bibliothek Wolfenbüttel endlich mit diesem Schild zu kennzeichnen. Verzeihen Sie mir diese Pedanterie.

Krieg und Frieden in der Bibliothek ist, wie Sie sehen, nicht bloß ein Gegenstand literarischer Satiren oder auktorialer Fehden. Das Thema ist zu ernst, um es der Komödie zu überlassen. Das zeigt sich, wenn, wie in unserer Zeit, die Dinge sich umkehren und die Bibliothek selbst zum Einsatz oder Ziel im Kontext des hybriden Krieges wird. Die Frage stellt sich, wie man das Kriegsrecht als Teil des Völkerrechts im Sinn der Haager Konvention von 1954 weiterentwickeln muss, um den Schutz von Kulturgut in bewaffneten Konflikten wirksam auszudehnen oder, wo nötig, robuster zu machen. Auch dafür ist, wie zu Grotius' Zeiten, die Bibliothek unverzichtbar. Nicht nur, weil sie begreifen lehrt, wie sich die Ideen geformt haben, die der «Vater des Völkerrechts» seinem Werk über das Recht in Krieg und Frieden zugrunde legen konnte. Darüber hinaus hält sie das Gedächtnis wach an die Geschichte der skeptischen Überprüfungen und Erweiterungen, denen folgende Generationen das Völkerrecht unterzogen haben. In dieser Geschichte hat sich kristallisiert, was wir, noch zögernd, wieder den Geist des Westens nennen – den Geist des Rechts, das sich nicht nur im Frieden bewährt.

Die Rede wurde zum 450. Geburtstag der Herzog August Bibliothek Wolfenbüttel am 5. April 2022 gehalten.

Die Autorinnen und Autoren

CONSTANTIN ARDELEANU
geb. 1976, ist Professor für Geschichte an der Dunărea de Jos Universität in Galați/Rumänien. 2022 ist erschienen *Making Ukraine. Negotiating, Contesting, and Drawing the Borders in the Twentieth Century* (Hg. zus. mit Olena Palko).

PATRICK BAHNERS
geb. 1967, ist Historiker und verantwortlicher Redakteur für «Geisteswissenschaften» der Frankfurter Allgemeinen Zeitung. Demnächst erscheint *Die Wiederkehr: Die AfD und der neue Nationalismus.*

MARTINA BALEVA
ist Professorin für Kunstwissenschaft an der Universität Innsbruck. 2022 ist erschienen *Im Lustgarten zwischen Natur und Kunst* (Hg. zus. mit Ulrich Blanché).

JENS HACKE
geb. 1973, ist Professor für Vergleichende Kulturforschung an der Universität der Bundeswehr München.

VINZENZ HEDIGER
geb. 1969, ist Professor für Filmwissenschaft an der Goethe-Universität Frankfurt. Demnächst erscheint *Jean-Luc Godard: Film denken nach der Geschichte des Kinos* (Hg. zus. mit Rembert Hüser).

EVA HORN
geb. 1965, ist Professorin für Neuere Deutsche Literatur an der Universität Wien. 2021 ist erschienen *Friedrich Kittler: Werkausgabe. I.B.4: Aufsätze, Artikel, Rezensionen und Miszellen 1981–1984* (Hg. zus. mit Luisa Drews).

FRIEDRICH A. KITTLER
(1943–2011), ist der jüngste Klassiker der deutschen Literaturwissenschaft. 1985 ist erschienen *Aufschreibesysteme 1800/1900.*

CHARLOTTE KLONK
geb. 1965, ist Professorin für Kunst und neue Medien an der Humboldt-Universität zu Berlin. 2017 ist erschienen *Terror. Wenn Bilder zu Waffen werden.*

GERD KOENEN
geb. 1944, ist Autor und Publizist. Demnächst erscheint *Nachdenken über Russland.*

JAN-WERNER MÜLLER
geb. 1970, ist Roger Williams Straus Professor für politische Theorie und Ideengeschichte an der Princeton University. 2021 ist erschienen *Freiheit, Gleichheit, Ungewissheit: Wie schafft man Demokratie?*

MATTHIAS OPPERMANN
geb. 1974, ist Leiter der Abteilung «Zeitgeschichte» der Konrad-Adenauer-Stiftung. 2008 ist erschienen *Raymond Aron und Deutschland.*

ULRICH RAULFF
geb. 1950, ist Gründerherausgeber der Zeitschrift für Ideengeschichte und Präsident des Institut für Auslandsbeziehungen (ifa). 2015 ist erschienen *Das letzte Jahrhundert der Pferde.*

STEPHAN SCHLAK
geb. 1974, ist verantwortlicher Redakteur der Zeitschrift für Ideengeschichte.

HARALD SCHMIDT
geb. 1957, ist Legende und Rentier. 2021 ist erschienen *In der Frittatensuppe feiert die Provinz ihre Triumphe* (Hg.).

VIKTORIA SEREDA
geb. 1974, ist Soziologin und arbeitet derzeit als Senior Fellow und Direktorin der Prisma Ukraina Forschergruppe «War, Migration and Memory» am Forum Transregionale Studien in Berlin.

FABIAN THUNEMANN
geb. 1982, ist Wissenschaftlicher Mitarbeiter an der Humboldt-Universität zu Berlin. 2019 ist erschienen *Verschwörungsdenken und Machtkalkül.*

HUBERT WINKELS
geb. 1955, war viele Jahre als Literaturkritiker im Deutschlandfunk tätig und ist heute freier Autor. 1986 hat er – ohne Kittlers «Neuntöter» – die Anthologie *aus. Mord-Stories* herausgegeben.

BENNO ZABEL
geb. 1969, lehrt als Professor am Institut für Kriminalwissenschaften und Rechtsphilosophie der Goethe-Universität Frankfurt. 2021 ist erschienen *Politik im Rechtsstaat.*